Baralho de Zé Pilintra

Guia prático para interpretação

JAQUELINE COSTA SANTOS

DEDICATÓRIA

Dedico este livro a todos que buscam a conexão entre o mundo material e o espiritual, e a cada leitor que se aventura na jornada do autoconhecimento através do Baralho de Zé Pilintra. Que as cartas se tornem uma luz guiando seus caminhos e que a sabedoria contida nelas traga clareza e paz.

Que cada mensagem aqui presente inspire sua jornada de evolução espiritual, trazendo a força, a cura e o equilíbrio que só a conexão com o divino pode proporcionar.

Com gratidão,
Jaqueline Costa Santos
Conexões Todos Somos Um

CONTEÚDO

Dedicatória   ii

Agradecimentos   1

1   Introdução   3

2   Porque é necessário embaralhar as cartas   5

3   A importância de purificar e consagrar as cartas   7

      Passo a passo para purificar e consagrar as cartas   8

4   A Origem do Baralho de Zé Pilintra   9

      Baralho Exclusivo de Zé Pilintra   14

5   Significados das Cartas do Baralho de Zé Pilintra   15

6   Tipos de mesas e jogos   89

      1. Tiragem de uma carta (carta única)   89

      2. Tiragem de três cartas   90

      3. Tiragem de cinco cartas   90

      4. Cruz Mística   92

      5. Mesa Malandra – Tiragem Exclusiva do Zé   96

7   Sobre a Autora   98

8   Um Convite   99

9   Sobre Conexões Todos Somos Um   100

AGRADECIMENTOS

Agradeço, primeiramente, à Deus pai criador, pela minha existencia e possibilidade de representar os companheiros da luz aqui na terre. Aos guias espirituais, cuja sabedoria, força e proteção guiam cada palavra destas páginas. A conexão espiritual que eles proporcionam é a base para este trabalho e para a transformação que buscamos em nossas vidas.

Agradeço aos meus mentores e professores, que compartilharam suas sabedorias e me inspiraram a explorar o universo do Baralho de Zé Pilintra. Agradeço também a você, leitor, por se permitir embarcar nesta jornada de descobertas e autoconhecimento, que tornam esta jornada possível, sendo parte essencial desta busca por evolução. Que este guia seja uma ferramenta valiosa em sua prática.

Agradeço também àqueles que, direta ou indiretamente, contribuíram para a realização desta obra. À minha família e amigos, pelo apoio incondicional.

Por fim, minha gratidão à equipe do *"Conexões Todos Somos Um"*, por acreditar e apoiar o despertar espiritual através da das cartas do Baralho de Zé Pilintra, tornando este livro uma realidade.

Com profundo respeito e amor,

Jaqueline Costa Santos.

1 INTRODUÇÃO

Seja bem-vindo ao Baralho de Zé Pilintra. Este livro foi criado com o objetivo de desmistificar as cartas do Baralho de Zé Pilintra e oferecer uma abordagem prática e acessível a todos, desde iniciantes até leitores mais experientes. Aqui, você encontrará descrições detalhadas de cada carta, acompanhadas de insights, dicas de interpretação e sugestões de tiragens. Através deste guia, espero que você descubra não apenas a riqueza simbólica do Baralho de Zé Pilintra, mas também a profundidade das conexões que ele pode proporcionar em sua vida e nas vidas daqueles que você atende. Cada conhecimento deste livro revela a essência das cartas e das entidades de Luz, oferecendo reflexões profundas e orientações para enfrentar os desafios da vida com coragem e serenidade. "Conexões Todos Somos Um" reforça a importância da união e do respeito às nossas raízes espirituais, convidando o leitor a uma jornada de transformação e conexão com o divino.

O Baralho de Zé Pilintra é uma ferramenta milenar que tem fascinado e guiado pessoas ao redor do mundo. Desde os tempos antigos, as cartas têm sido utilizadas para refletir sobre o passado, compreender o presente e iluminar o futuro. Neste livro, convido você a explorar cada uma das 36 cartas, mergulhando em seus significados, simbolismos e nuances. A prática do Baralho de Zé Pilintra vai além da simples leitura das cartas; trata-se de um diálogo com o nosso interior, uma forma de acessar a intuição e promover a transformação pessoal. Ao longo deste guia, você encontrará orientações práticas para desenvolver suas habilidades de leitura e interpretação, além de dicas para incorporar o Baralho de Zé Pilintra em sua vida cotidiana. Que este caminho seja iluminado e repleto de descobertas e que este livro seja uma fonte de luz e orientação, ajudando-nos a lembrar que, em essência, todos somos um.

BARALHO DE ZÉ PILINTRA

Seja bem-vindo ao **Baralho do Zé Pelintra**

Zé Pelintra é uma entidade conhecida por sua sabedoria, justiça e habilidade de transitar entre os mundos. Sua energia é respeitada tanto na malandragem quanto na espiritualidade, unindo os caminhos da vida com proteção e clareza. Ele é um guia que trabalha com equilíbrio, inteligência e firmeza, ajudando o consulente a enfrentar desafios, abrir caminhos e manter-se com fé e dignidade.

Cada carta do Baralho do Zé Pelintra é um reflexo da vida prática: amor, trabalho, saúde, finanças, escolhas e caminhos. Suas mensagens são diretas, honestas e profundas — como o próprio Zé. Este oráculo convida o consulente a enxergar além das aparências e agir com estratégia, sabedoria e espiritualidade.

Zé Pelintra é uma entidade que transita entre o mundo espiritual e o mundo da matéria com sabedoria, elegância e firmeza. Mestre dos caminhos, defensor dos humildes, **atua com justiça e protege aqueles que o invocam com fé verdadeira**. É símbolo da **esperteza aliada à retidão**, e seu baralho reflete essas qualidades — mostrando o caminho certo até mesmo nas encruzilhadas mais confusas.

O que você encontrará neste baralho:

- A sabedoria do **Zé Pelintra**
- Interpretações claras e objetivas para cada carta
- Orientações espirituais para tomar decisões com confiança
- Uma ferramenta de **autoconhecimento, proteção e evolução espiritual**

Que a energia do Zé Pelintra lhe acompanhe a cada consulta, trazendo luz nos caminhos escuros, firmeza nas encruzilhadas e clareza diante das escolhas.

Laroyê, Seu Zé! Saravá Malandro!

SALVE A MALANDRAGEM!

2 PORQUE É NECESSÁRIO EMBARALHAR AS CARTAS DO BARALHO DE ZÉ PILINTRA?

Embaralhar as cartas de tarot, Baralho de Zé Pilintra, oráculo, cartas guias e cartas mensageiras é uma prática essencial que serve para garantir a autenticidade e a precisão da leitura. Aqui estão algumas razões detalhadas sobre por que esse processo é necessário:

1. **Aleatoriedade**: A principal razão para embaralhar as cartas é introduzir aleatoriedade na distribuição das cartas. Isso permite que as cartas se posicionem de forma imprevisível, refletindo a variedade e a complexidade das situações da vida. A aleatoriedade é fundamental para uma leitura eficaz, pois impede que as cartas apareçam sempre na mesma ordem, o que poderia levar a interpretações repetitivas e previsíveis.

2. **Interação com Energia Pessoal**: Cada vez que um consulente embaralha as cartas, ele está transferindo sua energia pessoal para o baralho. Essa interação energética é vista como uma maneira de as cartas se conectarem com as questões específicas do consulente. Embaralhar as cartas ajuda a personalizar a leitura, tornando-a mais relevante para as circunstâncias e emoções individuais do consulente naquele momento.

3. **Quebra de Padrões**: Com o uso repetido, as cartas podem cair em padrões ou sequências que não refletem mais a situação atual do consulente. Embaralhar é uma maneira eficaz de quebrar esses padrões, garantindo que cada leitura seja uma experiência nova e única, refletindo o momento presente em vez de padrões passados.

4. **Preparação do Leitor e do Consulente**: O ato de embaralhar oferece um momento de preparação tanto para o leitor quanto para o consulente. É um ritual que pode ajudar a focar a mente, acalmar os nervos e criar um espaço mental adequado para uma leitura intuitiva e concentrada. Durante o embaralhamento, o leitor pode se conectar mais profundamente com sua intuição e com o simbolismo das cartas.

5. **Respeito ao Processo**: Embaralhar as cartas demonstra respeito pelo processo de leitura. É um ritual que honra as tradições antigas e reconhece a importância de abordar a leitura com seriedade e intenção. Esse respeito pode aumentar a confiança do consulente no processo e nos resultados da leitura.

Assim, embaralhar as cartas não é apenas uma questão prática, mas também um componente espiritual e ritualístico que contribui para a eficácia e autenticidade das leituras.

3 A IMPORTÂNCIA DE PURIFICAR E CONSAGRAR AS CARTAS DO BARALHO DE ZÉ PILINTRA

Purificar e consagrar as cartas do Baralho de Zé Pilintra são etapas importantes para qualquer praticante que busca obter leituras claras e precisas. Aqui estão algumas razões detalhadas sobre a importância desses rituais:

1. **Remoção de Energias Negativas**: As cartas de Baralho de Zé Pilintra, como qualquer objeto que interage com energia, podem acumular energias negativas ou indesejadas ao serem manuseadas por várias pessoas ou deixadas em ambientes carregados. A purificação ajuda a remover essas energias, garantindo que as cartas estejam limpas e prontas para uma nova leitura, sem influências externas.

2. **Conexão Espiritual**: Consagrar as cartas é um ritual que ajuda o praticante a estabelecer uma conexão espiritual com o baralho. Isso fortalece a intuição e a comunicação com os guias espirituais, facilitando leituras mais profundas e significativas. Durante a consagração, o praticante pode definir intenções específicas para o uso das cartas, alinhando-as com seus propósitos espirituais e energéticos.

3. **Personalização do Baralho**: Ao purificar e consagrar as cartas, o praticante também personaliza o baralho, impregnando-o com sua própria energia e intenções. Isso cria um vínculo único entre o leitor e as cartas, tornando as interpretações mais alinhadas com sua perspectiva pessoal e facilitando insights mais intuitivos.

7

4. **Ritual de Preparação**: Esses processos servem como um ritual de preparação, ajudando o leitor a entrar no estado mental adequado para a leitura. Eles permitem que o praticante se concentre, estabeleça um espaço sagrado e respeite a prática de leitura de Baralho de Zé Pilintra como uma arte espiritual e meditativa.

5. **Tradição e Respeito**: Purificar e consagrar as cartas também são práticas tradicionais em muitas escolas de Baralho de Zé Pilintra, respeitando a sabedoria ancestral e as maneiras estabelecidas de trabalhar com oráculos. Isso mostra respeito pelo ofício e mantém a continuidade das práticas espirituais ao longo do tempo.

Essas práticas não apenas asseguram a eficácia das leituras, mas também enriquecem a experiência espiritual do praticante, cultivando um ambiente de reverência e intenção clara.

PASSO A PASSO PARA PURIFICAR E CONSAGRAR AS CARTAS DO BARALHO DE ZÉ PILINTRA

Procure energizar as cartas com as entidades afins à você.

1. Acenda um incenso de purificação ou limpeza astral;
2. Segure seu novo oráculo com a mão dominante, ou seja, a mão que você escreve;
3. Passe o incenso ao redor do oráculo;
4. Enquanto passa o incenso, se concentre;
5. E diga: Que este oráculo seja purificado.
6. Fique um tempinho assim, o purificando, com calma...
7. Quando terminar, deixe o incenso de lado.
8. Segure o oráculo com as duas mãos
9. E diga: Eu consagro este oráculo em nome da Verdade.
Ele me mostrará o melhor caminho; mostrará o que precisa ser dito; mostrará o passado, o presente e o futuro. Dará a orientação e me aconselhará da melhor forma. Assim é, está feito e assim sempre será.
10. Pronto! Agora é só usar!

E claro, não esqueça de estudar os significados de cada carta!

4 A ORIGEM DO BARALHO DE ZÉ PILINTRA

O Baralho de Zé Pilintra é uma ferramenta oracular profundamente enraizada nas tradições afrobrasileiras, especialmente nas vertentes da Umbanda e da Jurema Sagrada, onde Zé Pilintra é uma das entidades mais queridas e respeitadas. Sua origem está ligada ao sincretismo entre elementos do catolicismo popular, do espiritismo kardecista, do candomblé, da cultura nordestina e das práticas de magia popular urbana.

Quem é Zé Pilintra?

Zé Pilintra é considerado um espírito de luz que atua nas linhas de malandro, boêmio, conselheiro e curador. Ele é visto como um mestre da malandragem do bem, um defensor dos humildes e um profundo conhecedor das encruzilhadas da vida. Com seu terno branco, chapéu panamá e um jeito astuto, é um símbolo de sabedoria popular e sobrevivência nos meios urbanos.

O Baralho como Instrumento

O Baralho de Zé Pilintra nasce da necessidade de comunicarse com essa entidade e receber seus conselhos de forma objetiva e direta. Inspirado em baralhos tradicionais como o cigano (Lenormand) e o comum (baralho francês), o baralho de Zé Pilintra foi desenvolvido com cartas próprias, símbolos específicos e mensagens carregadas de malícia sagrada, intuição afiada e sabedoria de rua.

9

BARALHO DE ZÉ PILINTRA

Cada carta traz aspectos do cotidiano, da espiritualidade e da vivência nas encruzilhadas da alma humana, permitindo ao consulente entender situações complexas com simplicidade, mas sem superficialidade.

Características do Baralho de Zé Pilintra:

Linguagem direta e popular
Símbolos urbanos e espirituais
Conselhos que unem malícia com espiritualidade
Capacidade de apontar caminhos com clareza e precisão
Energias ligadas à boemia, cura, justiça e proteção

Por que usar o Baralho de Zé Pilintra?

Porque ele fala na linguagem do povo, sem floreios nem mistérios desnecessários. Ele ensina que espiritualidade não precisa ser complicada, e que o sagrado também habita o simples, o cotidiano e até mesmo o marginalizado.

É um baralho para quem quer respostas reais, ensinamentos profundos e a presença marcante de Seu Zé em cada tiragem.

A Figura Espiritual de Zé Pilintra

Zé Pilintra é uma entidade cultuada principalmente nas religiões afrobrasileiras, como a Umbanda e a Jurema Sagrada, onde atua como um guia de luz nas linhas da malandragem, da boemia, da cura e da sabedoria ancestral. Sua origem é associada à figura do "malandro do bem", que conhece profundamente os caminhos da vida, as encruzilhadas do destino e o coração humano.

Embora sua imagem costumeira seja a de um homem de terno branco, chapéu panamá e sapatos de bico fino, Zé Pilintra representa muito mais do que um arquétipo de malandro. Ele é a expressão da resistência espiritual dos pobres, pretos, nordestinos e marginalizados, que sobreviveram e floresceram apesar das adversidades. Zé Pilintra caminha entre o mundo material e o espiritual, ajudando a equilibrar energias, abrir caminhos e revelar verdades ocultas.

BARALHO DE ZÉ PILINTRA

O Surgimento do Baralho de Zé Pilintra

O Baralho de Zé Pilintra nasceu da necessidade de canalizar sua sabedoria e orientação em forma de oráculo. Inspirado por outros sistemas como o Tarot, o Baralho Cigano e práticas divinatórias populares, esse baralho foi criado por espiritualistas e médiuns com o intuito de oferecer uma ferramenta mais próxima da linguagem e da realidade das tradições afrobrasileiras.

Com cartas que refletem os dilemas do dia a dia — como o amor, o dinheiro, as escolhas e os conflitos internos —, o Baralho de Zé Pilintra traduz, em símbolos diretos e acessíveis, as mensagens profundas da espiritualidade. Sua criação é também um ato de resgate e afirmação da cultura de terreiro e das entidades que nela habitam.

Estrutura e Simbolismo do Baralho

O Baralho de Zé Pilintra é composto por cartas que abordam temas materiais, emocionais e espirituais. Cada símbolo contido nas cartas está profundamente conectado ao universo do Seu Zé: as ruas, os bares, os terreiros, as encruzilhadas, os encontros, as perdas e as vitórias. É um baralho que fala com verdade e simplicidade, tocando fundo a alma de quem busca suas mensagens.

A linguagem simbólica das cartas convida o consulente a reconhecer aspectos de si mesmo por meio dos arquétipos apresentados. O baralho não esconde, não suaviza — ele mostra o necessário, com sabedoria e firmeza, como Seu Zé faz nas suas consultas espirituais.

O Papel do Baralho na Espiritualidade AfroBrasileira

Na Umbanda, o Baralho de Zé Pilintra é utilizado como uma ferramenta de consulta e conexão com a entidade. Ele permite que a energia de Seu Zé se manifeste através das cartas, revelando caminhos, alertas e conselhos que ajudam o consulente a tomar decisões conscientes.

Mais do que prever o futuro, o baralho orienta, provoca reflexão e oferece acolhimento espiritual. É uma ponte entre o mundo visível e o invisível, permitindo que as forças espirituais ajudem na jornada pessoal com equilíbrio, fé e propósito.

BARALHO DE ZÉ PILINTRA

Autoconhecimento e Transformação

O Baralho de Zé Pilintra é também um instrumento de profundo autoconhecimento. Ao interpretar suas cartas, o consulente é levado a olhar para dentro de si e confrontar emoções, comportamentos e padrões repetitivos. Seu Zé, com sua visão aguçada e seu jeito direto, ajuda a identificar os pontos de estagnação e a encontrar caminhos de libertação e crescimento.

Como Utilizar o Baralho de Zé Pilintra

Antes de uma consulta, recomendase preparar o ambiente com respeito: acender uma vela branca ou vermelha, colocar um copo com cachaça ou água, e fazer uma oração sincera pedindo a presença e a clareza de Seu Zé. É importante que o consulente esteja receptivo, com o coração aberto e livre de julgamentos, pois as mensagens vêm com a força da verdade e da intuição.

A Expansão do Baralho de Zé Pilintra

Nos últimos anos, o Baralho de Zé Pilintra tem conquistado espaço além dos terreiros e se difundido entre pessoas que buscam uma espiritualidade prática, verdadeira e conectada com as raízes populares do Brasil. Sua linguagem acessível e sua conexão com arquétipos universais fazem com que ressoe com pessoas de todas as origens.

Essa expansão reflete o crescente interesse pelas tradições afrobrasileiras, pelo resgate do sagrado cotidiano e pela busca de ferramentas espirituais que empoderem e acolham.

Zé Pilintra e o Resgate das Tradições

Mais do que um oráculo, o Baralho de Zé Pilintra é uma expressão viva do legado afrobrasileiro. Ele honra os guias espirituais que, por meio da fé, da malandragem sagrada e da ancestralidade, ajudam a construir pontes entre mundos e histórias. Seu uso representa um ato de resistência, memória e espiritualidade popular — resgatando valores como justiça, liberdade, igualdade e sabedoria.

BARALHO DE ZÉ PILINTRA

O Baralho de Zé Pilintra é um verdadeiro espelho da alma, um oráculo que fala com clareza, firmeza e compaixão. Ele nos ensina que espiritualidade é também coragem, que o sagrado habita o cotidiano, e que todos podemos acessar o poder transformador da fé e da sabedoria ancestral.

Ao utilizar esse baralho, o consulente não apenas se conecta com Zé Pilintra, mas também com sua própria força interior — aprendendo a encarar a vida com mais consciência, intuição e dignidade. Seu Zé nos mostra que cada um carrega dentro de si o poder de se reinventar, de vencer obstáculos e de caminhar com a cabeça erguida, mesmo nas encruzilhadas mais difíceis.

BARALHO EXCLUSIVO DE ZÉ PILINTRA

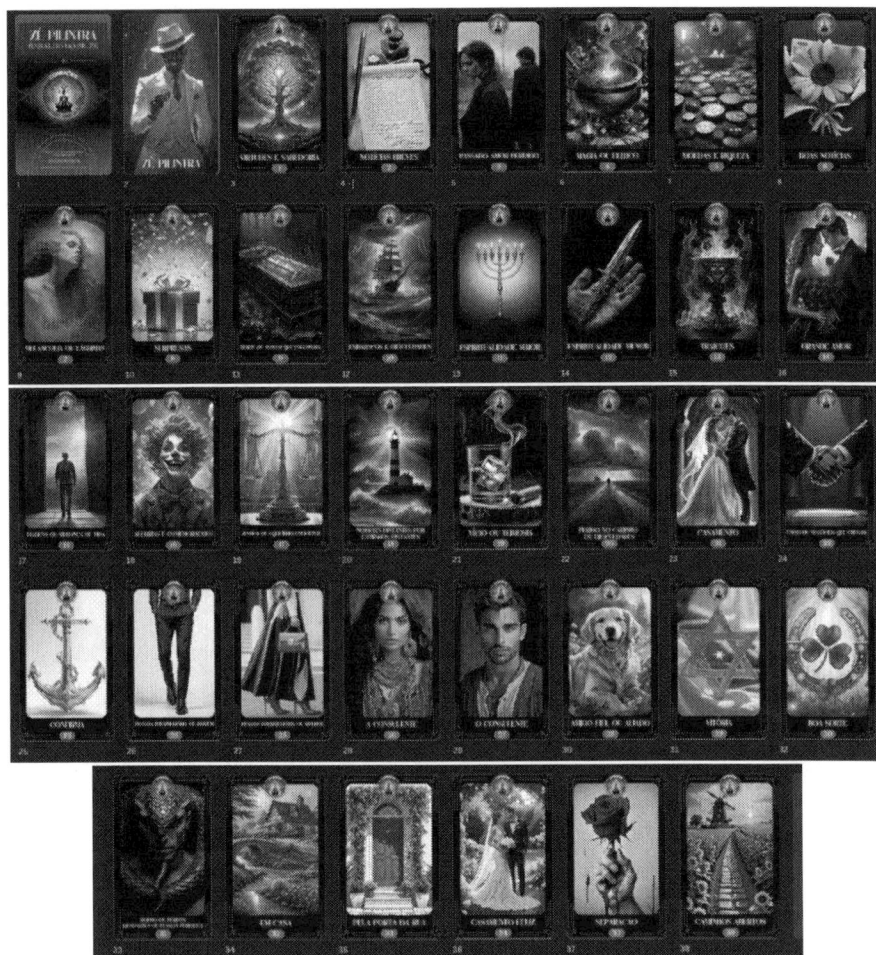

Solicite o seu pelo email:
conexoestodossomosum@gmail.com
ou em nossas **redes sociais:** @conexoestsu

5 SIGNIFICADOS DAS CARTAS DO BARALHO DE ZÉ PILINTRA

O Baralho de Zé Pilintra é um instrumento de conexão espiritual que traz mensagens profundas para auxiliar em momentos de dúvida e orientar o consulente em sua jornada. Cada carta carrega simbolismos ligados aos mistérios e às experiências de Zé Pilintra, que é conhecida por sua força, sabedoria e energia poderosa. Ao consultar este baralho, o consulente é convidado a acessar respostas e a se abrir para o autoconhecimento, explorando temas de amor, prosperidade, proteção e transformação.

Aqui, exploraremos o significado de cada carta, ajudando o leitor a interpretar as mensagens e a entender as energias envolvidas. Cada carta será descrita em detalhes, com uma breve interpretação para o consulente, seguida de orientações práticas.

BARALHO DE ZÉ PILINTRA

SIGNIFICADOS DAS CARTAS

1 VIRTUDES E SABEDORIA

Imagem e Simbolismo

Na carta "Virtudes e Sabedoria", pode haver a imagem de uma figura feminina em trajes elegantes, com uma postura firme e serena. Ela segura em uma das mãos um livro aberto, representando conhecimento, e na outra uma chama ou um cristal, que simboliza clareza e iluminação. Ao seu redor, há elementos que sugerem pureza e verdade, como uma coroa de louros ou um raio de luz. A cena é envolta em um ambiente de tranquilidade, destacando a presença de valores nobres e a busca por um caminho equilibrado.

Significado Geral

A carta indica qualidades elevadas, como a capacidade de tomar decisões sábias e justas. Ela representa o cultivo de valores e princípios que guiam para escolhas ponderadas e ações éticas. "Virtudes e Sabedoria" sugere também a necessidade de aprender com as experiências, adquirindo um entendimento profundo das situações e mantendo uma postura de humildade e respeito pelos ensinamentos da vida. É uma carta que orienta para o equilíbrio entre conhecimento e compaixão.

Significado em Diferentes Contextos

No Amor: A carta aponta para a importância de uma relação baseada na honestidade, confiança e respeito mútuo. Indica maturidade emocional e busca por um amor sincero, livre de manipulações e interesses egoístas.

16

No Trabalho: No âmbito profissional, "Virtudes e Sabedoria" representa a valorização da ética, da dedicação e da integridade. É uma carta favorável para quem age com responsabilidade e evita atitudes imprudentes. O conselho é ser transparente e firme nos princípios.

Na Saúde: Em questões de saúde, esta carta pede paciência e sabedoria para cuidar do bem-estar, promovendo práticas que alimentem o equilíbrio entre corpo e mente. Sugere que se busque uma cura ou tratamento de forma consciente e comprometida com os próprios valores.

Nas Finanças: Em relação às finanças, a carta traz a mensagem de prudência e de tomada de decisões responsáveis. Sugere que, ao lidar com dinheiro, seja feito com visão a longo prazo, sem deixar-se levar por impulsos imediatistas.

Interpretação Reversa

Quando a carta surge invertida, ela alerta para a possível perda de integridade e desvio dos valores próprios. Pode indicar falta de clareza, atitudes impulsivas e ausência de disciplina, o que leva a erros de julgamento e decisões precipitadas. A inversão da carta "Virtudes e Sabedoria" sugere também a necessidade de reconectar-se com os próprios princípios e de refletir sobre onde faltam sabedoria e paciência.

2 NOTÍCIAS BREVES

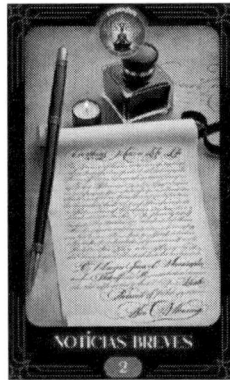

Imagem e Simbolismo

Na carta "Notícias Breves," geralmente encontramos uma figura que representa a chegada de informações rápidas ou inesperadas. A imagem pode trazer elementos que simbolizam velocidade, como uma carta, um pássaro mensageiro, ou até um envelope aberto. Estes elementos reforçam o sentido de comunicação e o caráter efêmero das notícias que estão por vir. A figura transmite a ideia de algo que "chega e passa rapidamente," muitas vezes impactando momentaneamente a vida de quem consulta.

Significado Geral

A carta "Notícias Breves" indica a chegada de informações ou mensagens que trarão alguma clareza ou novidade, porém, de natureza passageira. Essas notícias podem ser de qualquer área da vida: uma atualização no trabalho, uma resposta sobre um relacionamento, ou até uma mudança nos planos familiares. Esta carta simboliza a fluidez e mutabilidade da vida, como os acontecimentos que vêm e vão sem permanecer. Ela lembra a importância de estar atento e receptivo ao que o destino traz, mas sem se apegar excessivamente, pois essas informações podem rapidamente mudar de rumo.

Significado em Diferentes Contextos

Amor: No amor, esta carta sugere que algo será revelado, como uma mensagem de alguém importante ou um entendimento que vem à tona, mas que talvez não tenha uma repercussão duradoura. Pode indicar que um parceiro trará novidades que precisam ser ouvidas com cuidado, pois podem não representar a estabilidade desejada.

Trabalho: No campo profissional, a carta aponta para uma atualização de situação, como uma resposta esperada de uma entrevista, a renovação de um contrato, ou uma nova oportunidade que aparece rapidamente. No entanto, ela sugere que essas oportunidades podem ser temporárias e é essencial estar preparado para mudanças.

Finanças: Em questões financeiras, a carta "Notícias Breves" alerta para novidades ou flutuações. Podem surgir ganhos inesperados ou notícias sobre despesas imprevistas, e recomenda-se cuidado em investir muito emocionalmente nessas mudanças, pois elas podem ser voláteis.

Saúde: No contexto de saúde, essa carta indica notícias ou diagnósticos recentes que podem trazer uma orientação sobre os próximos passos. É uma carta que sugere uma abordagem atenta, pois o estado de saúde pode mudar rapidamente e exigirá adaptação.

Interpretação Reversa

Quando a carta "Notícias Breves" aparece de forma reversa, ela indica a possibilidade de desentendimentos, atrasos ou confusão em relação às notícias esperadas. A comunicação pode ser distorcida, gerando mal-entendidos ou trazendo uma sensação de incerteza e instabilidade. Esta posição alerta que informações importantes podem estar sendo ignoradas ou mal interpretadas, e sugere prudência ao fazer julgamentos com base no que foi recebido.

3 PASSADO AMOR PERDIDO

Imagem e Simbolismo

A carta "Passado Amor Perdido" geralmente apresenta a figura de uma mulher olhando para o horizonte ou segurando um objeto que simbolize lembranças, como uma carta, um lenço ou uma flor seca. Esse olhar distante sugere nostalgia e saudade, reforçando a ideia de algo precioso que se foi. O cenário ao redor costuma ter tons mais sombrios ou cinzentos, simbolizando o luto ou a melancolia em torno de um amor perdido. Elementos como uma lua minguante ou folhas caídas podem ser incluídos para reforçar o simbolismo de encerramento e desapego emocional.

Significado Geral

"Passado Amor Perdido" é uma carta que fala sobre questões emocionais do passado que ainda afetam o presente, especialmente ligadas a amores ou relacionamentos que já não existem ou que foram deixados para trás. Ela sugere uma necessidade de revisar sentimentos e experiências passadas para que seja possível seguir adiante. Esta carta aponta para uma fase de introspecção e cura das feridas emocionais, trazendo à tona memórias e reflexões sobre o que foi vivido.

Significado em Diferentes Contextos

Amor: Em uma leitura amorosa, a carta indica que o consulente está preso a um amor do passado ou que ainda carrega mágoas, ressentimentos ou saudades que dificultam sua entrega a novos relacionamentos. Pode sugerir que é hora de libertar-se de lembranças e idealizações para permitir o surgimento de uma nova história.

Trabalho: No contexto profissional, essa carta pode simbolizar a dificuldade em desapegar de um antigo trabalho, projeto ou colega de equipe. Talvez o consulente esteja preso a uma maneira antiga de trabalhar ou a uma situação passada que está impedindo seu crescimento na carreira atual.

Finanças: Em finanças, a carta aponta que o consulente pode estar preso a arrependimentos sobre escolhas econômicas ou investimentos que não deram certo. É um lembrete para não carregar essas frustrações adiante, mas aprender com os erros do passado para evitar problemas futuros.

Saúde: No contexto de saúde, pode sugerir problemas físicos ou emocionais relacionados ao estresse do passado. Traumas emocionais de um relacionamento anterior podem estar impactando a saúde mental do consulente, indicando a necessidade de trabalhar a cura emocional para melhorar o bem-estar físico.

Interpretação Reversa

Quando aparece invertida, a carta "Passado Amor Perdido" pode indicar que o consulente está se libertando de antigas mágoas e desapegando de sentimentos de perda. Esse movimento de cura sugere o fim de um ciclo de luto ou tristeza, abrindo caminho para uma nova fase de crescimento emocional. Contudo, ela também pode sinalizar uma negação do processo de cura e uma tendência a ignorar os sentimentos e experiências passadas, o que pode resultar em padrões repetitivos no presente.

4 MAGIA OU FEITIÇO

A carta "Magia ou Feitiço" no baralho de Zé Pilintra simboliza o poder dos rituais, da magia e das influências ocultas. Esta carta explora o misticismo e o poder da intenção, podendo trazer revelações sobre a presença de influências espirituais e energias manipulativas, sejam estas positivas ou negativas, no contexto consultado.

Imagem e Simbolismo

A carta frequentemente exibe elementos místicos, como velas, poções, altares ou círculos de magia, representando a prática de rituais e o poder das energias direcionadas. Estes elementos simbolizam a transformação e a intenção direcionada, indicando que forças invisíveis e intenções estão atuando no campo do consulente. Cores como preto e vermelho costumam estar presentes, refletindo a intensidade e a força associadas à prática de magia e feitiços.

Significado Geral

No aspecto geral, a carta "Magia ou Feitiço" aponta para a influência de energias ou intenções poderosas que podem estar sendo usadas para moldar a realidade. Ela sugere que o consulente, ou alguém ao seu redor, pode estar recorrendo a práticas místicas ou a manipulação de forças espirituais para alcançar um objetivo específico. Essa carta alerta para a necessidade de perceber se essas influências são construtivas ou prejudiciais.

Significado em Diferentes Contextos

Amor: Indica a presença de amarrações, encantamentos, ou outras manipulações energéticas para influenciar sentimentos ou ações. Em relacionamentos, essa carta pede cautela para garantir que os sentimentos sejam genuínos e não resultantes de forças externas.

Trabalho: Sugere a presença de influências ocultas no ambiente profissional, como inveja ou manobras para manipular oportunidades. Pode ser um alerta para proteger-se energeticamente ou afastar-se de pessoas que pareçam manipulativas.

Saúde: No contexto da saúde, pode indicar que a causa de algum mal-estar ou dificuldade possa estar associada a energias externas ou intenções negativas. Sugere a prática de proteção espiritual e cuidados com o equilíbrio energético.

Interpretação Reversa

Quando invertida, a carta "Magia ou Feitiço" aponta para o fracasso de uma tentativa de manipulação ou feitiço. Pode indicar que energias negativas estão sendo dissipadas, que o consulente está se libertando de influências prejudiciais, ou que as forças espirituais se voltam para o equilíbrio natural das coisas, desfazendo tentativas de controle externo.

5 MOEDAS E RIQUEZAS

A carta "Moedas e Riquezas" no baralho de Zé Pilintra está fortemente associada à prosperidade material, aos ganhos financeiros e ao sucesso nos empreendimentos. Ela reflete o valor das recompensas adquiridas pelo esforço, além de destacar a importância da estabilidade econômica. Abaixo, descrevo em detalhes cada aspecto que você pediu.

Imagem e Simbolismo

A imagem na carta "Moedas e Riquezas" costuma exibir símbolos que remetem à fortuna e à abundância, como moedas de ouro, cofres abertos, joias e outros elementos de valor. Esses itens simbolizam prosperidade material, oportunidades financeiras e a manifestação de riqueza no plano físico. É comum que a carta seja ilustrada de maneira opulenta, representando a generosidade e o sucesso material que podem ser alcançados. Em alguns baralhos, é possível também que a carta traga elementos como mãos segurando as moedas ou uma figura feminina – possivelmente evocando a presença de Zé Pilintra – cercada de objetos valiosos.

Significado Geral

A carta "Moedas e Riquezas" representa a prosperidade, o crescimento financeiro e a realização material. Ela anuncia uma fase de abundância, onde as recompensas por um trabalho árduo finalmente se concretizam. O significado geral da carta é a conquista, tanto no sentido financeiro quanto no sentido de segurança e estabilidade. Ela também sugere uma fase de colheita, onde os esforços passados começam a gerar frutos, reforçando a ideia de que o merecimento traz benefícios duradouros.

Significado em Diferentes Contextos

No Amor: A carta pode indicar um relacionamento estável e onde o casal compartilha objetivos de vida e apoio mútuo, inclusive no aspecto financeiro. Ela sugere que a relação tem uma base sólida e tende a proporcionar segurança e conforto emocional.

Nas Finanças: "Moedas e Riquezas" é especialmente favorável em questões financeiras, indicando bons lucros, investimentos vantajosos ou aumento de renda. Representa o fluxo positivo de dinheiro, onde o que foi investido retorna multiplicado, indicando um período próspero.

Na Carreira: A carta aponta para promoções, reconhecimento pelo esforço e potencial para assumir maiores responsabilidades. Ela também sugere que as escolhas profissionais trarão retorno financeiro ou satisfação pessoal, além de contribuir para uma posição estável no campo de atuação.

Na Saúde: Em termos de saúde, essa carta é positiva, indicando estabilidade e recuperação. Pode simbolizar o fortalecimento físico e o bem-estar como resultado de cuidados prévios, sugerindo que a pessoa está colhendo os frutos de um estilo de vida equilibrado.

Interpretação Reversa

Quando a carta "Moedas e Riquezas" surge em posição invertida, ela pode sinalizar excessos ou problemas financeiros. A interpretação reversa alerta para uma possível ganância, imprudência ou desequilíbrio nas finanças. O significado invertido sugere que o consulente pode estar focado demais em ganhos materiais ou que esteja enfrentando dificuldades financeiras devido a gastos excessivos ou investimentos arriscados. No amor, a carta reversa pode apontar para conflitos de interesse financeiro ou dependência de um parceiro. No contexto de saúde, ela pode indicar que a preocupação excessiva com o trabalho e a busca pelo dinheiro estão gerando desgaste e estresse, o que pode prejudicar o bem-estar.

6 BOAS NOTÍCIAS

Imagem e Simbolismo

Na carta "Boas Notícias" do baralho de Zé Pilintra, a imagem costuma trazer elementos que simbolizam a chegada de novidades positivas. Isso pode incluir uma figura feminina segurando uma carta ou um envelope, representando mensagens e comunicados alegres. Em algumas versões, pássaros voando ou flores desabrochando aparecem ao redor da figura central, evocando um sentido de liberdade e crescimento. A figura de Zé Pilintra, associada ao mistério e à intuição, pode estar presente ou em destaque, sugerindo que as boas notícias também podem surgir por meios inesperados, como a intuição ou a influência espiritual.

Significado Geral

Esta carta indica o recebimento de boas notícias ou eventos favoráveis que trazem alegria e alívio ao consulente. Ela representa o retorno de algo esperado ou a chegada de algo novo que será benéfico. Quando essa carta aparece, ela traz consigo um ar de otimismo e esperança, e aponta para momentos de paz, realização e avanços positivos na vida do consulente.

Significado em Diferentes Contextos

Amor: Se aparece em questões amorosas, esta carta sugere boas novas no relacionamento, como a possibilidade de um compromisso mais sério, uma reconciliação ou até a chegada de uma nova pessoa com intenções positivas. Indica harmonia e satisfação nos laços afetivos.

Trabalho e Finanças: Em questões de trabalho, a carta simboliza

26

oportunidades, como uma promoção, o início de um novo projeto ou a chegada de uma proposta vantajosa. Nas finanças, pode indicar um ganho inesperado, um investimento bem-sucedido ou o fim de uma fase de dificuldades.

Saúde: Em relação à saúde, a carta traz uma mensagem de recuperação e melhorias. Pode representar um diagnóstico positivo, uma cura ou a chegada de tratamentos eficazes. É um indicativo de esperança e de um retorno ao bem-estar.

Espiritualidade: No contexto espiritual, "Boas Notícias" representa uma conexão espiritual fortalecida, mensagens de apoio do mundo espiritual ou o início de uma fase de maior paz interior e clareza de propósito.

Interpretação Reversa

Quando invertida, a carta "Boas Notícias" pode sugerir que as boas novas estão atrasadas ou que surgirão obstáculos antes de que os resultados esperados se concretizem. Pode indicar frustração com notícias ou eventos que demoram a chegar, expectativas que precisam ser ajustadas ou, em alguns casos, que as notícias aguardadas não serão tão positivas como se imaginava. A interpretação reversa alerta para uma necessidade de paciência e uma revisão das expectativas para evitar desapontamentos.

7 MELANCOLIA OU LÁGRIMAS

Imagem e Simbolismo

Na imagem da carta "Melancolia ou Lágrimas", geralmente vemos uma figura sentada, com uma expressão de tristeza ou luto, envolta em sombras ou segurando o rosto em suas mãos. A presença de lágrimas ou de um ambiente escuro e nebuloso reforça a ideia de introspecção e dor. Esse cenário transmite um estado emocional profundo e doloroso, destacando o peso emocional que a carta carrega. Em alguns baralhos, podem aparecer elementos simbólicos como um véu negro, flores murchas ou objetos que remetem a lembranças, representando a saudade e o arrependimento.

Significado Geral

No geral, a carta "Melancolia ou Lágrimas" indica que a pessoa está passando por um momento de tristeza, perda ou introspecção dolorosa. Ela sugere que algo do passado ou presente está trazendo sofrimento, seja por arrependimento, saudade ou luto. Esse sofrimento pode ser emocional ou até relacionado a algum tipo de perda material ou financeira. A carta traz um chamado para que a pessoa aceite e entenda suas emoções, buscando enfrentar e processar essa dor.

Significado em Diferentes Contextos

No amor: Esta carta pode indicar desentendimentos, término, ou um período de solidão e saudade. Representa um coração ferido ou um amor não correspondido, onde um dos parceiros pode estar sofrendo. Pode também simbolizar uma fase de afastamento ou necessidade de introspecção para curar feridas emocionais.

28

No trabalho: Pode significar decepções, fracassos ou um período em que os projetos não fluem como esperado. Há uma sensação de frustração ou estagnação. A carta sugere que é preciso enfrentar a situação com paciência e reflexão, tentando aprender com os desafios.

Na saúde: A "Melancolia ou Lágrimas" alerta para o impacto das emoções na saúde física e mental. Ela pode indicar sintomas de estresse, ansiedade, depressão ou cansaço extremo. Essa carta pede que a pessoa cuide de si, buscando ajuda se necessário, para superar esse período emocionalmente difícil.

Na espiritualidade: Indica um período de escuridão ou questionamento espiritual, onde a pessoa pode sentir-se distante ou desamparada. No entanto, essa carta também pode ser um convite para uma busca mais profunda e autêntica de entendimento pessoal.

Interpretação Reversa

Quando invertida, a carta "Melancolia ou Lágrimas" sugere uma libertação gradual da tristeza e dos sentimentos de dor. Ela indica o começo da cura, o desapego das mágoas e a busca de uma nova perspectiva. O luto ou arrependimento começa a se dissipar, e a pessoa pode estar pronta para seguir em frente. Em alguns casos, a carta invertida também pode alertar para o risco de se afundar ainda mais na tristeza ou de evitar o processo de cura, precisando que a pessoa busque ajuda para não ficar presa ao passado.

8 SURPRESAS

Imagem e Simbolismo

Na imagem da carta "Surpresas", geralmente vemos uma caixa ou baú semiaberto, de onde saem elementos simbólicos, como faíscas, luzes ou objetos, que sugerem o desconhecido e a expectativa. Esses elementos remetem ao que é novo e oculto, o que está para ser revelado. Em algumas representações, podem aparecer também flores, joias, ou cartas, sugerindo que a surpresa pode ser agradável e trazer algo de valor ou até um aprendizado inesperado. A escolha das cores é vibrante e brilhante, reforçando a ideia de um momento especial que rompe com a rotina e traz algo que não se esperava.

Significado Geral

No baralho de Zé Pilintra, a carta "Surpresas" simboliza eventos inesperados que surgem na vida da pessoa, alterando o curso das situações cotidianas. É uma carta que revela o poder do inesperado, sugerindo que algo fora do comum irá acontecer, desafiando a pessoa a lidar com essa situação de maneira flexível. A surpresa pode ser boa ou ruim, mas, em geral, convida a abertura para o que vem, incentivando a não tentar controlar tudo e, em vez disso, abraçar o momento.

Significado em Diferentes Contextos

Amor: No contexto amoroso, a carta "Surpresas" indica que acontecimentos inesperados podem surgir na relação. Para solteiros, isso pode ser o início de um relacionamento com alguém que surge do nada. Para quem está em um relacionamento, ela pode representar uma revelação ou algo inesperado que surge na vida a dois. Em ambos os casos, a carta convida a se abrir para o novo e acolher as mudanças que vierem.

Trabalho e Finanças: No ambiente de trabalho, a carta sugere que algo imprevisto pode acontecer, como uma proposta ou uma mudança nas responsabilidades. Em relação às finanças, a carta "Surpresas" pode significar ganhos repentinos ou, por outro lado, despesas inesperadas. A mensagem é de preparação para lidar com a situação de maneira flexível e não ter medo das mudanças.

Saúde: Em questões de saúde, a carta "Surpresas" pode alertar para uma mudança no quadro atual, como uma recuperação súbita ou a necessidade de atenção com um novo sintoma. É uma carta que pede atenção ao corpo e ao emocional, pois algo pode surgir de maneira inesperada, mas não necessariamente negativa.

Espiritualidade: No campo espiritual, "Surpresas" representa uma possível revelação ou descoberta significativa para a jornada da pessoa, algo que muda a percepção atual e amplia o entendimento. Essa surpresa pode vir de uma experiência mística ou de uma revelação interna que leva ao autoconhecimento.

Interpretação Reversa

Quando a carta "Surpresas" aparece invertida, o significado tende a focar nos desafios do imprevisto. Ela sugere que o consulente pode estar enfrentando resistência a mudanças ou sentindo-se desestabilizado por acontecimentos fora de seu controle. Esse posicionamento pode indicar surpresas desagradáveis ou uma dificuldade em lidar com situações que fogem do planejamento. Em situações de resistência, a carta invertida orienta a deixar o medo de lado e se adaptar ao inesperado, aceitando que a vida traz lições importantes mesmo nos momentos mais caóticos.

9 MORTE OU ALGUÉM QUE FOI EMBORA

Imagem e Simbolismo

Na imagem dessa carta, é comum ver uma representação de despedida ou separação. Pode haver figuras se afastando, portas fechadas, flores murchas, um cenário desolado ou elementos que remetem ao luto e ao vazio. Em alguns casos, aparece uma estrada solitária, simbolizando o caminho que alguém tomou ao partir. A presença de tons sombrios reforça o impacto da perda e o vazio deixado pela partida. Esse simbolismo enfatiza o encerramento de um ciclo e o chamado para a aceitação do que já passou.

Significado Geral

No sentido geral, a carta "Morte ou Alguém que Foi Embora" representa o fim de uma situação ou a partida de alguém que teve um papel importante na vida do consulente. Ela pode simbolizar uma mudança profunda, como o término de uma relação, o desligamento de um trabalho, ou até mesmo uma transformação interna. Embora o nome da carta soe negativo, seu significado é complexo e pode ser um chamado à renovação, já que, com o fim de algo, surge a possibilidade de um novo começo.

Significado em Diferentes Contextos

No amor: Essa carta indica um rompimento, uma separação ou uma transformação significativa na relação. Pode representar o fim de um relacionamento, a partida de um parceiro, ou a necessidade de se desapegar de algo que não faz mais bem. Se o relacionamento não chega ao fim, a carta sugere que algo precisa ser deixado para trás para que o amor evolua.

No trabalho: "Morte ou Alguém que Foi Embora" pode indicar o encerramento de um ciclo profissional, como a saída de um emprego, a perda de um projeto ou a necessidade de abandonar algo que não está mais funcionando. Ela sugere que o consulente aceite essa transição para dar espaço a novas oportunidades que podem estar por vir.

Na saúde: A carta pode simbolizar a necessidade de encerrar hábitos antigos e prejudiciais para a saúde ou deixar de lado comportamentos autodestrutivos. Ela sugere que o consulente precisa se desprender de algo que afeta seu bem-estar, seja físico ou mental, para permitir a regeneração e cura.

Na espiritualidade: Espiritualmente, essa carta representa um período de transformação e desapego de velhos padrões e crenças. É um convite para que a pessoa deixe de lado crenças limitantes ou medos que a impedem de crescer espiritualmente, permitindo o renascimento e a expansão da consciência.

Interpretação Reversa

Quando invertida, a carta "Morte ou Alguém que Foi Embora" pode representar resistência ao encerramento de ciclos ou à aceitação de uma perda. Ela indica que o consulente pode estar se agarrando a uma situação, relação ou hábito que já deveria ter terminado, o que traz estagnação e impede a evolução. Em outra leitura, a carta invertida sugere que o período de transformação está se aproximando do fim, e que o consulente está finalmente pronto para se libertar do passado e abrir-se ao novo.

A interpretação dessa carta sugere que, mesmo nos momentos de perda ou término, há uma promessa de renascimento e renovação. Ela incentiva a aceitação das mudanças inevitáveis e a confiança em que o futuro pode trazer algo melhor.

10 EMBARAÇOS E DIFICULDADES

Imagem e Simbolismo

Na representação visual da carta "Embaraços e Dificuldades", geralmente aparecem elementos que simbolizam impedimentos ou complicações, como uma estrada com pedras ou galhos caídos, ou ainda uma teia emaranhada, sugerindo o sentimento de estar preso ou impedido de avançar. Esses elementos traduzem visualmente a ideia de obstáculos e de algo que bloqueia o caminho. As cores tendem a ser sombrias, como cinza, marrom e tons escuros, que reforçam o clima de dificuldade e a necessidade de superação.

Significado Geral

No contexto geral, "Embaraços e Dificuldades" simboliza a presença de problemas que causam atraso ou estagnação na vida do consulente. É uma carta que alerta para situações de frustração, onde o progresso é dificultado por interferências externas ou mesmo internas, como inseguranças ou falta de clareza. A mensagem central é de paciência e perseverança, pois os obstáculos são temporários e podem ser superados com determinação e um olhar mais estratégico.

Significado em Diferentes Contextos

Amor: Em questões de relacionamento, a carta "Embaraços e Dificuldades" indica que há bloqueios ou conflitos no caminho amoroso. Esses desafios podem surgir na forma de desentendimentos, distanciamento ou interferências externas que dificultam a harmonia do casal. Para solteiros, essa carta sugere que o momento pode não ser favorável para o início de um novo romance, com dificuldades para fazer uma conexão significativa.

Trabalho e Finanças: No campo profissional, essa carta aponta para desafios como projetos que não saem do papel, problemas de comunicação ou até mesmo ambientes de trabalho tensos. Ela alerta para possíveis perdas financeiras ou gastos imprevistos que podem desestabilizar as finanças. É um momento de cautela e de evitar decisões arriscadas, priorizando a organização e o planejamento.

Saúde: Em questões de saúde, a carta "Embaraços e Dificuldades" pode indicar a necessidade de atenção a problemas que se arrastam ou à falta de progresso em tratamentos. Ela pode simbolizar obstáculos no processo de recuperação, sugerindo que é preciso ter paciência e buscar novos caminhos ou métodos para tratar questões de saúde.

Espiritualidade: No campo espiritual, a carta indica que o consulente pode estar se sentindo desconectado ou com dificuldades para avançar em sua jornada espiritual. Pode haver bloqueios internos, como dúvidas e falta de fé, que dificultam o crescimento espiritual. Essa carta orienta a olhar para dentro, identificar as causas dos bloqueios e buscar práticas que auxiliem a encontrar clareza e conexão.

Interpretação Reversa

Quando "Embaraços e Dificuldades" surge invertida, o significado tende a indicar a superação ou o início de uma resolução para os problemas enfrentados. Ela sugere que, embora os obstáculos ainda possam estar presentes, há um caminho de saída visível, e o consulente começa a encontrar soluções para superar as dificuldades. A interpretação reversa também pode indicar que o consulente está conseguindo aprender com os desafios, transformando-os em lições para seu crescimento pessoal. É um sinal de que, com esforço, as dificuldades estão prestes a se dissipar.

11 ESPIRITUALIDADE MAIOR

A carta "Espiritualidade Maior" no baralho de Zé Pilintra representa a conexão com forças superiores e o apoio de guias espirituais, ancorando proteção, intuição e orientação divina. Esta carta é uma mensagem de que há uma energia superior trabalhando na vida do consulente, promovendo clareza e orientação espiritual em todos os aspectos.

Imagem e Simbolismo

Na imagem da carta "Espiritualidade Maior", costuma-se ver elementos simbólicos que remetem ao mundo espiritual, como uma luz brilhante, uma figura de uma entidade ou guia espiritual, ou símbolos sagrados e rituais que representam proteção e elevação. Podem estar presentes também elementos como estrelas, velas ou mandalas, que transmitem a ideia de paz, elevação e apoio espiritual. Esses detalhes visuais reforçam a ideia de que o consulente está rodeado por uma energia benevolente e transcendente, sugerindo que as forças espirituais estão acessíveis e oferecendo orientação.

Significado Geral

A carta "Espiritualidade Maior" representa a presença de uma força divina ou uma entidade de luz ajudando o consulente. Ela sugere que o momento atual é propício para buscar respostas dentro de si ou em práticas espirituais, pois a proteção espiritual está ao redor, fortalecendo a intuição e promovendo a elevação. Essa carta lembra ao consulente que, mesmo nas dificuldades, há uma ajuda espiritual disponível e que ouvir a própria intuição pode trazer respostas importantes para a jornada. A carta também encoraja a confiança nos caminhos invisíveis e na conexão com o divino.

36

Significado em Diferentes Contextos

Amor: No amor, a carta "Espiritualidade Maior" indica que a relação pode estar passando por uma fase de alinhamento espiritual. Para solteiros, sugere que é importante cultivar uma conexão consigo mesmo antes de atrair uma relação significativa. Para casais, representa uma fase de apoio mútuo e aprofundamento espiritual, como se ambos estivessem sendo guiados para um entendimento mais profundo e conectado. Esta carta também pode indicar a presença de um mentor ou uma guia espiritual influenciando a relação para o bem.

Trabalho e Finanças: No âmbito profissional, esta carta sugere que o consulente está sendo guiado espiritualmente em suas decisões de carreira. Ela representa que o caminho profissional pode estar sendo moldado por um propósito maior, e que seguir a intuição será importante para decisões financeiras e profissionais. É um chamado para alinhar o trabalho com os valores espirituais e para confiar que os recursos necessários chegarão no momento certo.

Saúde: Em questões de saúde, a carta "Espiritualidade Maior" reforça a ideia de cura espiritual e proteção. Ela indica que, além do cuidado físico, é importante cuidar do corpo espiritual, buscando práticas de meditação, oração ou outras formas de elevação espiritual. A carta sugere que o consulente não está sozinho em sua recuperação ou em seu processo de autoconhecimento, e que a energia espiritual está trabalhando para trazer equilíbrio.

Espiritualidade: No campo espiritual, a carta "Espiritualidade Maior" é um sinal claro de conexão e proteção direta com o plano espiritual superior. Ela representa um momento de expansão da consciência, de apoio dos guias espirituais e de um despertar para um propósito mais elevado. É um incentivo para aprofundar práticas espirituais, buscar a comunhão com o divino e aceitar o apoio que está ao alcance do consulente.

Interpretação Reversa

Quando a carta "Espiritualidade Maior" aparece invertida, ela sugere que o consulente pode estar desconectado de seu lado espiritual ou resistindo a ouvir a orientação de suas intuições e guias. Este posicionamento também pode indicar uma fase de dúvida ou confusão espiritual, onde o indivíduo pode se sentir perdido, sem saber como se reconectar com o espiritual. Ela traz a mensagem de que é importante abandonar o orgulho ou a resistência para aceitar o apoio espiritual. Nesse caso, a carta invertida convida o consulente a voltar-se para práticas que fortaleçam a conexão com o divino e a abrir-se para receber as bênçãos e a sabedoria dos guias espirituais.

12 ESPIRITUALIDADE MENOR

A carta "Espiritualidade Menor" do baralho de Zé Pilintra remete a energias espirituais mais próximas e acessíveis ao consulente, relacionadas ao cotidiano e a temas que tocam diretamente a vida prática. Essa carta sugere uma conexão espiritual mais simples, mas significativa e orientadora.

Imagem e Simbolismo

Na carta "Espiritualidade Menor", é comum encontrar imagens de guias espirituais, velas acesas, amuletos ou elementos simbólicos que representam proteção e suporte espiritual. O ambiente da imagem geralmente é acolhedor e sereno, transmitindo uma energia de paz e segurança. Esse simbolismo sugere a presença de energias espirituais protetoras que estão mais próximas, como guias pessoais, ancestrais ou entidades de baixa hierarquia, que cuidam das situações cotidianas e podem ser invocadas para apoio e proteção.

Significado Geral

A carta "Espiritualidade Menor" indica que o consulente está sendo assistido por forças espirituais mais próximas e acessíveis, aquelas que frequentemente se manifestam através de sinais sutis ou intuições no dia a dia. Ela sugere uma ligação com guias que oferecem proteção e orientação em questões práticas e imediatas, ao invés de temas elevados ou abstratos. A carta é um lembrete de que essas energias são importantes para a estabilidade espiritual e que o consulente pode confiar em sua presença para lidar com dificuldades e decisões do cotidiano.

BARALHO DE ZÉ PILINTRA

Significado em Diferentes Contextos

Amor: No contexto amoroso, "Espiritualidade Menor" indica que o relacionamento é protegido por energias espirituais que incentivam o entendimento, a harmonia e o respeito. Para solteiros, pode sugerir que guias espirituais estão ajudando a atrair uma pessoa alinhada ao consulente. É uma carta que promove proteção e aconselha confiar na intuição e nos sinais em relação aos relacionamentos.

Trabalho e Finanças: Em questões de trabalho, esta carta sugere que o consulente está sendo orientado espiritualmente para fazer escolhas sensatas e bem-calculadas. No campo financeiro, indica uma proteção espiritual que ajuda a tomar decisões prudentes e evitar riscos desnecessários. É um chamado para confiar na intuição ao lidar com projetos ou com questões de dinheiro.

Saúde: Quando se trata de saúde, "Espiritualidade Menor" sugere a presença de guias espirituais ajudando na recuperação e no equilíbrio do corpo e mente. Ela indica uma influência protetora e encorajadora para procurar tratamentos naturais e métodos de cura que respeitem a conexão entre corpo e espírito.

Espiritualidade: No campo espiritual, esta carta simboliza que a jornada do consulente é protegida e guiada por forças espirituais próximas. Sugere uma prática espiritual simples, mas eficaz, como orações, rituais de limpeza ou o uso de amuletos. Ela lembra o consulente de valorizar a espiritualidade presente no dia a dia e buscar fortalecer essa conexão.

Interpretação Reversa

Quando a carta "Espiritualidade Menor" surge invertida, ela pode sugerir que o consulente está desconectado de sua proteção espiritual cotidiana, ou que não está percebendo ou valorizando as intuições e sinais que surgem ao seu redor. Pode indicar uma sensação de falta de apoio ou a impressão de que as coisas estão fora de equilíbrio, possivelmente devido a uma resistência em aceitar ajuda espiritual ou uma negligência com a prática espiritual diária. Essa posição invertida convida o consulente a reconectar-se com sua espiritualidade, buscar proteção e apoio nos rituais simples e confiar mais na intuição para superar os desafios.

13 TRAIÇÕES

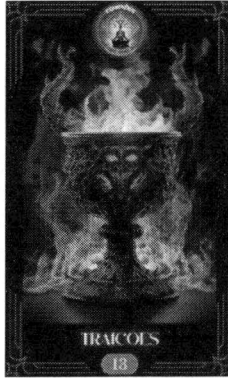

A carta "Traições" no baralho de Zé Pilintra é uma carta de alerta e de revelação sobre intenções ocultas, falsidade e deslealdade. Sua mensagem é direta, trazendo à tona a possibilidade de enganos ou tramas secretas.

Imagem e Simbolismo

Na imagem da carta "Traições", frequentemente vemos uma figura furtiva, como alguém espiando ou tramando pelas costas de outro. Às vezes, há também objetos como uma faca, um véu escuro, ou duas faces (uma sorridente e outra séria), simbolizando a dualidade e a falsidade. Essa imagem reflete a ideia de duplicidade, engano e risco. A presença de sombras ou figuras que se escondem sugere que algo está sendo dissimulado, e que há uma verdade que ainda não veio à tona.

Significado Geral

A carta "Traições" avisa sobre a possibilidade de deslealdade, engano e pessoas que podem não ter boas intenções. Ela indica a necessidade de cautela e discernimento, pois alguém próximo pode estar agindo de forma traiçoeira. No geral, essa carta aponta para situações onde há máscaras, manipulação ou uma aparência que esconde intenções reais. Ela também pode alertar para um comportamento de autoengano, onde a pessoa pode estar ignorando sinais de alerta ou permitindo que ilusões a desviem do caminho certo.

BARALHO DE ZÉ PILINTRA

Significado em Diferentes Contextos

No amor: A carta "Traições" sugere desconfiança, mentiras ou até infidelidade em um relacionamento. Ela pode indicar que um dos parceiros não está sendo verdadeiro ou está escondendo algo. Em um relacionamento, essa carta pede atenção redobrada para atitudes e palavras, sugerindo que a transparência e o diálogo sejam fundamentais para prevenir problemas mais sérios.

No trabalho: Essa carta alerta sobre falsidade no ambiente profissional. Pode indicar que colegas ou parceiros não estão sendo honestos ou que há uma competitividade desleal. Fofocas, manipulações e tentativas de prejudicar alguém para avançar são questões simbolizadas por esta carta. Ela sugere cuidado ao compartilhar informações e ao confiar cegamente em quem parece estar do seu lado.

Na saúde: A carta pode indicar um alerta para doenças que estão se manifestando de maneira oculta ou condições que podem ser ignoradas. Pode também apontar para a importância de uma segunda opinião médica ou de mais atenção à saúde, pois algo pode estar sendo negligenciado. Em casos de saúde mental, pode sugerir que a pessoa não está lidando abertamente com seus próprios problemas emocionais.

Na espiritualidade: Aqui, a carta "Traições" indica o risco de influências negativas ou de pessoas que não têm boas intenções no caminho espiritual. Ela sugere cuidado com conselhos ou com quem você escolhe confiar em assuntos espirituais. É um chamado à vigilância, recomendando que a pessoa busque um caminho autêntico e tome cuidado com práticas ou influências que possam levá-la a se desviar de sua essência.

Interpretação Reversa

Na posição invertida, a carta "Traições" pode sugerir que uma situação de engano ou deslealdade está prestes a ser revelada, permitindo que a verdade venha à tona. Isso indica que a pessoa pode estar prestes a descobrir o que realmente está acontecendo e que tem a oportunidade de se proteger. Por outro lado, a interpretação reversa também pode sinalizar a chance de perdoar e reconstruir a confiança, seja consigo mesma ou com outra pessoa. A carta invertida pode ainda alertar contra a tendência de ser excessivamente desconfiado, projetando nos outros um medo de traição que, por vezes, não é real.

14 GRANDE AMOR

Imagem e Simbolismo

A carta "Grande Amor" é geralmente representada por uma imagem vibrante e apaixonada, muitas vezes com elementos que simbolizam romance, união e conexão profunda. Pode incluir corações, flores, e figuras que evocam a paixão e a intimidade. As cores predominantes tendem a ser vermelhos e rosas, transmitindo energia e afeto. A figura central pode ser uma representação de Zé Pilintra, com uma aura de magnetismo e poder, sugerindo a força do amor.

Significado Geral

"Grande Amor" simboliza a presença de um amor intenso e transformador na vida do consulente. Esta carta indica a possibilidade de um relacionamento profundo, onde os sentimentos são genuínos e envolventes. Reflete a ideia de que o amor verdadeiro pode trazer alegria, realização e crescimento emocional, além de sugerir que esse amor pode ser recíproco e duradouro.

Significado em Diferentes Contextos

Amor Romântico: Sugere a chegada ou o fortalecimento de um relacionamento amoroso, indicando que o amor está no ar e que as conexões emocionais são intensas.

Amizades: Pode indicar laços profundos e sinceros entre amigos, mostrando que a amizade também é uma forma de amor valiosa.

Autoamor: Enfatiza a importância de se amar e se valorizar, sugerindo que a felicidade começa internamente e se reflete nas relações externas.

Desafios Relacionais: Se a carta aparece em um contexto de conflitos, pode indicar que, apesar das dificuldades, o amor verdadeiro pode superar obstáculos.

Interpretação Reversa

Quando a carta "Grande Amor" aparece invertida, pode sinalizar problemas nas relações amorosas, como desentendimentos, falta de comunicação ou desilusão. Essa posição pode indicar que o amor não está sendo nutrido adequadamente, ou que expectativas irreais estão causando frustrações. Também pode sugerir a necessidade de se reconectar consigo mesmo antes de buscar amor externo, enfatizando a importância do autoamor e da autoaceitação. Além disso, pode indicar um amor tóxico ou dependente, onde é preciso avaliar a saúde da relação.

15 VIAGENS OU MUDANÇA DE VIDA

Imagem e Simbolismo

A carta frequentemente apresenta imagens de estradas, barcos, trilhas ou meios de transporte, simbolizando movimento e deslocamento. Em algumas versões, pode haver uma figura que está de partida ou em transição entre diferentes cenários. Esses elementos indicam que algo importante está em movimento, seja fisicamente ou metaforicamente, representando a jornada da vida e as mudanças inevitáveis que ela traz. Os elementos visuais dessa carta sugerem coragem para embarcar em algo novo e o potencial para explorar novos horizontes.

Significado Geral

A carta "Viagens ou Mudança de Vida" aponta para momentos de transição e transformação. Ela sugere que o consulente está diante de um período de mudanças significativas, que podem envolver deslocamento físico, como viagens ou mudança de residência, ou uma mudança interna profunda, onde padrões de vida e perspectivas estão sendo renovados. O principal simbolismo aqui é o de avançar para o desconhecido e estar preparado para abraçar novas experiências e oportunidades.

Significado em Diferentes Contextos

Amor: No contexto amoroso, essa carta indica novas fases no relacionamento, como mudanças de cidade juntos, viagens a dois ou uma reavaliação da relação. Para quem está solteiro, a carta sugere a possibilidade de conhecer alguém novo em um ambiente diferente, ou durante uma viagem.

Trabalho e Finanças: Em questões de trabalho, indica oportunidades que podem surgir de mudanças, como promoções que envolvem deslocamento ou novos empregos em outras localidades. Também pode representar a necessidade de adaptabilidade em cenários profissionais. Nas finanças, simboliza novos investimentos e um fluxo de dinheiro relacionado a viagens ou mudanças de cenário.

Espiritualidade e Crescimento Pessoal: Sugere uma fase de crescimento espiritual, onde o consulente está embarcando em uma jornada interna. Representa a necessidade de sair da zona de conforto, questionar velhas crenças e abrir-se para o aprendizado e desenvolvimento espiritual.

Saúde: Em saúde, a carta pode indicar necessidade de um descanso, uma pausa para recarregar as energias ou uma viagem para fins de cura. Também sugere que mudanças na rotina podem ajudar a alcançar um bem-estar físico e mental.

Interpretação Reversa

Quando invertida, a carta pode indicar resistência às mudanças ou dificuldades em aceitar a necessidade de transição. Sugere insegurança, medo do novo ou do desconhecido, e até estagnação. Em vez de um movimento fluido, representa obstáculos, adiamentos ou viagens canceladas. Em um sentido mais profundo, pode revelar uma falta de alinhamento com o próprio propósito, onde o consulente está evitando um crescimento necessário ou preso a um passado que impede o avanço.

Em suma, a carta "Viagens ou Mudança de Vida" fala sobre o movimento contínuo da existência e convida o consulente a refletir sobre os ciclos de mudança e o potencial que cada nova jornada traz para o desenvolvimento pessoal.

16 ALEGRIAS E COMEMORAÇÕES

Imagem e Simbolismo

A imagem da carta "Alegria e Comemorações" do baralho de Zé Pilintra geralmente mostra uma cena de celebração, festa ou encontro social. Ela pode apresentar elementos simbólicos como taças, flores, pessoas dançando, música e até a presença de cores vibrantes que representam momentos de felicidade e união. A carta transmite uma atmosfera de leveza e contentamento, evocando sentimentos de união e satisfação. As expressões nas figuras são de alegria e gratidão, simbolizando o prazer das conquistas e das boas companhias.

Significado Geral

De maneira geral, esta carta fala de momentos felizes, comemorações e conquistas. Representa ocasiões especiais em que a pessoa experimenta alegria e compartilha esse sentimento com aqueles ao seu redor. Ela também sugere harmonia nas relações, reforçando a importância de celebrar as conquistas, grandes ou pequenas. É uma carta de bons presságios, que indica um período favorável para a expansão social e emocional.

Significado em Diferentes Contextos

Amor: Em questões amorosas, a carta sugere momentos felizes a dois ou em grupo, como uma festa de casamento, um noivado ou um reencontro especial. Ela aponta para uma fase de maior conexão e celebração dos sentimentos.

Trabalho e Finanças: No ambiente profissional, a carta indica boas novas,

47

como o sucesso em um projeto ou a obtenção de uma promoção. Financeiramente, pode apontar para ganhos que serão celebrados e reconhecidos.

Saúde: Em saúde, a carta mostra recuperação, bom humor e disposição física, reforçando a importância de encontrar alegria e celebrar as pequenas vitórias no dia a dia.

Interpretação Reversa

Quando invertida, a carta "Alegria e Comemorações" sugere que o consulente pode estar passando por dificuldades em compartilhar ou vivenciar a felicidade com os outros. Pode indicar celebrações adiadas, frustrações em eventos ou isolamento emocional, onde a pessoa se sente desconectada do círculo social ou incapaz de aproveitar as boas notícias. Em um nível mais profundo, também pode sugerir a necessidade de reavaliar o que traz verdadeira alegria e valorizar mais as relações genuínas.

Essa carta, em sua essência, destaca o valor das celebrações na vida, lembrando-nos de valorizar os momentos de felicidade e os laços que construímos.

17 JUSTIÇA OU EQUILÍBRIO EMOCIONAL

A carta "Justiça ou Equilíbrio Emocional" do baralho de Zé Pilintra é uma representação rica em simbolismo e significado, refletindo temas de justiça, equidade e harmonia nas emoções.

Imagem e Simbolismo

A carta apresenta uma figura central que, muitas vezes, é uma representação feminina que emana força e sabedoria. Ela pode estar vestida de forma elegante, simbolizando poder e dignidade. Em suas mãos, pode haver uma balança, que representa a justiça e o equilíbrio. Ao redor, é comum encontrar elementos como a espada, simbolizando a verdade e a necessidade de tomar decisões claras, além de símbolos que representam emoções e a vida cotidiana, como corações ou flores, sugerindo a conexão entre a justiça e a vida emocional. As cores predominantes podem incluir tons de azul, verde e dourado, refletindo serenidade, cura e iluminação.

Significado Geral

O "Justiça ou Equilíbrio Emocional" traz à tona a ideia de que é essencial buscar equilíbrio nas emoções e nas relações. Essa carta simboliza a necessidade de agir com justiça e integridade, não apenas em situações externas, mas também internamente, promovendo a autocompreensão e a autoaceitação. Ela indica que é um momento propício para refletir sobre as decisões e ações passadas, buscando um alinhamento entre o que se sente e o que se faz, promovendo a harmonia em todas as esferas da vida.

Significado em Diferentes Contextos

Relacionamentos: A carta sugere a necessidade de diálogo aberto e honesto, buscando resolver conflitos através da empatia e compreensão mútua. Pode indicar que a justiça deve prevalecer em situações de desarmonia, promovendo a cura emocional.

Trabalho: No ambiente profissional, essa carta pode representar a importância de agir com ética e integridade. Sugere que decisões devem ser tomadas com base em justiça e consideração, garantindo que todos sejam tratados de maneira equitativa.

Saúde Mental: A carta enfatiza a importância do equilíbrio emocional e a necessidade de lidar com questões internas. Pode ser um convite para buscar ajuda, praticar a auto-reflexão e cultivar o autocuidado, visando a saúde emocional e mental.

Interpretação Reversa

Quando a carta aparece invertida, pode indicar desequilíbrio emocional, injustiça ou a negação de verdades. Pode representar conflitos internos, sentimentos de culpa ou a sensação de estar em uma situação de injustiça. Em relacionamentos, pode sugerir desentendimentos, falta de comunicação ou a presença de manipulação. A interpretação reversa é um chamado para reevaluar as ações, buscar autoconhecimento e enfrentar os desafios com coragem e clareza. É um lembrete para não ignorar as emoções e buscar a resolução dos conflitos, promovendo a verdade e a justiça, tanto em si mesmo quanto nas relações.
Essa carta, portanto, convida a uma profunda reflexão sobre a maneira como se vive e se interage com os outros, enfatizando que a verdadeira justiça começa dentro de cada um.

18 NOTÍCIAS DISTANTES POR CAMINHOS DISTANTES

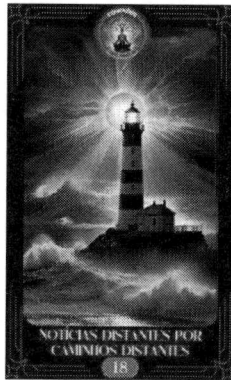

Imagem e Simbolismo

A carta "Notícias Distantes por Caminhos Distantes" geralmente apresenta uma representação visual de uma estrada ou caminho longo, possivelmente ladeado por árvores ou elementos naturais, simbolizando uma jornada. Às vezes, a imagem pode incluir um mensageiro, pombas, ou sinais de comunicação à distância, como cartas ou pergaminhos, indicando uma mensagem vinda de longe. Elementos de paisagens longínquas, como montanhas no horizonte ou oceanos, reforçam a ideia de distância e espera.

Significado Geral

Esta carta representa comunicações e informações que chegam de locais distantes. Ela simboliza a chegada de notícias que podem ser de pessoas, negócios, ou situações que estão longe do consulente. O foco está em novidades, mudanças, ou informações que impactam a vida de forma inesperada e que vêm de lugares distantes, sugerindo também um tempo de espera para que os eventos se desenrolem.

Significado em Diferentes Contextos

Amoroso: Se tirada em uma leitura sobre romance, esta carta indica possíveis mensagens de um interesse amoroso distante, ou uma fase de espera, onde algo ou alguém amado está temporariamente longe. Pode também significar que a relação depende de eventos distantes, como uma mudança de cidade ou país.

Profissional: No contexto de trabalho, a carta sugere a chegada de

51

propostas, oportunidades ou até mesmo de informações vindas de outras cidades ou países. Pode representar uma promoção que exige mudança, uma nova conexão ou, ainda, um projeto que envolva viagens e ampliação de horizontes.

Financeiro: A carta indica investimentos, ganhos ou despesas que podem estar ligados a outros locais. Ela pode aconselhar o consulente a esperar por retornos financeiros que não são imediatos ou a considerar expansões que envolvam outras localidades.

Espiritual: No aspecto espiritual, a carta remete ao desenvolvimento que acontece através de experiências distantes. Ela sugere que o consulente está em uma jornada de crescimento que requer aprender com fontes externas e considerar novas perspectivas.

Interpretação Reversa

Quando a carta aparece invertida, pode simbolizar atraso na chegada de notícias ou, até mesmo, más notícias. Representa dificuldades na comunicação, distorções na informação ou até a possibilidade de que a espera não traga os resultados esperados. Também pode indicar problemas ou obstáculos nos caminhos, atrasos em viagens ou nos planos que envolvem longas distâncias.

19 VÍCIO OU TEIMOSIA

Imagem e Simbolismo

Na carta "Vício ou Teimosia," geralmente vemos uma figura ou representação que sugere um comportamento repetitivo, quase obsessivo, como uma mão acorrentada, uma garrafa, ou alguém em uma postura de relutância e teimosia. Os elementos visuais reforçam uma sensação de estar preso a algo difícil de largar, seja um hábito, um vício, ou uma ideia fixa. As correntes ou elementos de prisão, se presentes, simbolizam restrição e a dificuldade de libertação, sugerindo que o consulente está "amarrado" a algo que pode não ser saudável.

Significado Geral

No geral, essa carta representa os ciclos de comportamento repetitivos e, muitas vezes, destrutivos. Ela remete a uma situação onde o consulente está preso em padrões negativos de pensamento, comportamento ou emoções. Ela alerta sobre a persistência em algo que pode prejudicar e pede ao consulente para refletir sobre suas escolhas e suas consequências.

Significado em Diferentes Contextos

Amor: No amor, "Vício ou Teimosia" pode indicar um relacionamento tóxico, dependente, ou comportamentos repetitivos e prejudiciais que estão afetando a relação. Pode mostrar insistência em manter um vínculo que causa mais sofrimento do que felicidade.

Trabalho e Finanças: No contexto profissional, essa carta pode alertar sobre hábitos ou práticas que estão levando o consulente a uma estagnação.

53

No trabalho, pode simbolizar falta de flexibilidade e resistência a mudanças que impedem o crescimento.

Saúde: Na saúde, esta carta é um alerta para vícios ou práticas que estão prejudicando o bem-estar físico e mental. Pode sugerir necessidade de abandonar comportamentos que minam a saúde, como vícios alimentares, dependência de substâncias, ou padrões mentais negativos.

Espiritualidade: Na espiritualidade, "Vício ou Teimosia" pede cautela com práticas ou crenças excessivamente rígidas. Pode alertar contra a teimosia em crenças que limitam a expansão espiritual ou o desenvolvimento pessoal.

Interpretação Reversa

Na posição invertida ou em uma interpretação reversa, a carta "Vício ou Teimosia" pode indicar uma fase de libertação, onde o consulente começa a perceber esses padrões e trabalha para superá-los. Ela pode sugerir que o consulente está abrindo mão de comportamentos e pensamentos que já não servem mais e busca uma mudança positiva em sua vida.

20 PERIGO NO CAMINHO OU DIFICULDADES

A carta "Perigo no Caminho ou Dificuldades" do baralho de Zé Pilintra carrega uma forte carga simbólica e uma mensagem clara sobre os desafios que podem surgir ao longo do percurso da vida.

Imagem e Simbolismo

A carta geralmente apresenta uma figura feminina, que representa Zé Pilintra, cercada por elementos que simbolizam obstáculos e perigos. Podem aparecer símbolos como caminhos tortuosos, espinhos, barreiras ou animais ameaçadores. As cores predominantes tendem a ser sombrias, refletindo a seriedade da mensagem. A imagem pode transmitir uma sensação de alerta, chamando a atenção para a necessidade de cautela e preparação diante das dificuldades que podem surgir.

Significado Geral

No contexto geral, esta carta alerta sobre a presença de desafios e perigos no caminho do consulente. Ela indica que, embora haja potencial para progresso, é necessário estar atento e preparado para lidar com as dificuldades que podem aparecer. Este aviso não deve ser visto apenas como um presságio negativo, mas como uma oportunidade para se fortalecer, desenvolver resiliência e encontrar soluções criativas para os problemas. A carta enfatiza a importância de manter a vigilância e a prudência nas decisões.

BARALHO DE ZÉ PILINTRA

Significado em Diferentes Contextos

Relacionamentos: Em questões amorosas, esta carta pode indicar que há dificuldades que precisam ser superadas. Pode representar conflitos, desentendimentos ou a necessidade de abordar problemas não resolvidos.

Trabalho: No âmbito profissional, "Perigo no Caminho ou Dificuldades" sugere que podem surgir obstáculos inesperados em projetos ou colaborações. É um chamado à análise cuidadosa das situações e à preparação para lidar com contratempos.

Saúde: Quando relacionada à saúde, a carta pode alertar sobre a necessidade de cuidar melhor de si mesmo, indicando que a falta de atenção pode levar a problemas. Também pode sinalizar a importância de buscar ajuda antes que as dificuldades se tornem mais sérias.

Interpretação Reversa

Quando a carta aparece invertida, seu significado pode variar. A interpretação reversa pode sugerir que os perigos estão sendo ignorados ou minimizados, levando a consequências indesejadas. Alternativamente, pode indicar que as dificuldades estão sendo superadas, ou que o consulente está começando a ver uma saída para seus problemas. Essa posição pode encorajar uma reflexão mais profunda sobre o que está sendo evitado ou negligenciado, e o reconhecimento de que o enfrentamento das dificuldades pode levar a um crescimento pessoal e a uma superação significativa.
Em resumo, a carta "Perigo no Caminho ou Dificuldades" do baralho de Zé Pilintra serve como um poderoso lembrete da importância da consciência e da preparação para os desafios que a vida pode apresentar.

21 CASAMENTO

Imagem e Simbolismo

A carta "Casamento" no baralho de Zé Pilintra é geralmente ilustrada com a imagem de duas alianças entrelaçadas ou de um casal em trajes nupciais, representando a união e o compromisso entre duas pessoas. Em algumas versões, a imagem pode trazer elementos de velas ou flores, simbolizando a bênção e a prosperidade dessa união. As alianças, como símbolo principal, evocam o laço, a conexão, e um vínculo que tende a ser duradouro, reforçando a temática do compromisso e da responsabilidade afetiva.

Significado Geral

A carta "Casamento" simboliza compromisso, união, parceria e cooperação, seja no âmbito amoroso, profissional ou pessoal. Ela aponta para a possibilidade de uma aliança sólida, onde existe disposição para crescer e evoluir junto com o outro. É uma carta que indica apoio mútuo, confiança e estabelecimento de laços importantes. Em alguns casos, sugere a formalização de relações, trazendo a ideia de estabilidade e durabilidade.

Significado em Diferentes Contextos

Amoroso: No campo amoroso, a carta indica um relacionamento sério, com possibilidade de casamento ou de um compromisso profundo e duradouro. Representa o desejo de estabilidade e de construir uma vida junto com o parceiro ou parceira.

Profissional: No âmbito profissional, a carta "Casamento" fala de parcerias e sociedades bem-sucedidas. Ela sugere que alianças e colaborações podem trazer bons frutos, e que há boa comunicação e compromisso entre os envolvidos.

Financeiro: Em questões financeiras, a carta indica segurança e acordos estáveis. Pode significar uma parceria financeira ou um investimento compartilhado que tende a ser bem-sucedido.

Saúde: Em questões de saúde, "Casamento" representa equilíbrio e harmonia no corpo e mente, sugerindo que o consultante precisa cuidar de si mesmo para estar bem também para os outros. Ela simboliza a importância de apoio e companhia no processo de cura ou de manutenção do bem-estar.

Interpretação Reversa

Quando a carta "Casamento" aparece invertida, seu simbolismo se altera, apontando para desafios ou questões de desarmonia em compromissos e relações. Pode indicar um relacionamento em crise, problemas de comunicação e confiança, ou até mesmo uma separação. Em contexto profissional, pode significar uma parceria problemática ou desentendimentos que comprometem o sucesso de um projeto. Na saúde, a inversão pode indicar o esgotamento ou a falta de apoio, sugerindo que o consultante precisa dar mais atenção ao autocuidado e aos limites pessoais.

Em geral, a carta "Casamento" foca na importância dos relacionamentos e compromissos, seja qual for o campo em questão, e, quando invertida, traz à tona os desequilíbrios e desafios que precisam ser resolvidos para restabelecer a harmonia e a confiança.

22 UNIÃO OU NEGÓCIOS QUE CHEGAM

Imagem e Simbolismo

A carta geralmente apresenta uma imagem de duas figuras que se unem ou se apertam as mãos, simbolizando a aliança, a parceria e a cooperação. Pode haver elementos como corações ou laços, representando amor e amizade, além de objetos que aludem a negócios, como contratos, moedas ou uma balança, indicando justiça e equilíbrio nas transações. As cores predominantes são frequentemente quentes e vibrantes, sugerindo energia e dinamismo nas relações.

Significado Geral

No geral, essa carta indica a chegada de novas oportunidades de colaboração, seja em relações pessoais ou profissionais. É um sinal positivo de que as uniões formadas podem trazer prosperidade e felicidade. A carta sugere que, ao unir forças, há potencial para crescimento e sucesso em empreendimentos conjuntos.

Significado em Diferentes Contextos

Em Relações Pessoais: A carta pode indicar o fortalecimento de laços amorosos ou de amizade, sugerindo que um relacionamento pode se aprofundar e se tornar mais significativo.

No Âmbito Profissional: Em questões de negócios, sinaliza a chegada de novas parcerias, colaborações ou propostas que podem ser vantajosas. É um indicativo de que as negociações poderão resultar em acordos frutíferos.

Em Questões Financeiras: Pode sugerir a chegada de recursos financeiros através de colaborações ou investimentos conjuntos, enfatizando que o trabalho em equipe pode trazer resultados positivos.

Interpretação Reversa

Quando a carta aparece invertida, seu significado pode mudar consideravelmente. A reversão pode indicar desunião, conflitos em parcerias, desentendimentos ou falta de cooperação. Pode simbolizar negócios que não se concretizam, propostas que falham ou desconfiança nas relações. É um sinal de que é necessário avaliar as colaborações em andamento e ser cauteloso em novos acordos, sugerindo que nem toda união será benéfica.

Essa análise proporciona uma visão ampla sobre a carta "União ou Negócios que Chegam", mostrando como suas interpretações podem variar conforme o contexto e a posição em que aparece durante a leitura.

23 CONFIRMA

Imagem e Simbolismo

A carta "Confirma" geralmente apresenta uma imagem poderosa que simboliza a força da afirmação e a clareza na comunicação. É comum ver uma figura feminina que representa Zé Pilintra, cercada por elementos que evocam a espiritualidade e a força interior. Pode haver símbolos como flores, velas, ou elementos que remetem ao amor e à proteção, indicando que a confirmação está relacionada a algo positivo e significativo. A imagem pode transmitir um sentimento de segurança e certeza, reforçando a ideia de que a confirmação é uma energia que impulsiona a ação e a realização.

Significado Geral

O significado geral da carta "Confirma" está ligado à necessidade de validar e afirmar decisões, sentimentos e situações. Ela representa um sinal de que é hora de reconhecer a verdade de algo, seja em uma relação, em um projeto ou em um aspecto da vida pessoal. A carta sugere que a confirmação traz clareza e segurança, permitindo que a pessoa avance com confiança. É um lembrete de que o que foi desejado ou planejado está em processo de concretização, e que a crença em si mesmo e nas próprias escolhas é fundamental.

Significado em Diferentes Contextos

Amor e Relacionamentos: No contexto amoroso, "Confirma" pode indicar que os sentimentos são genuínos e que a relação está prestes a se consolidar. É um sinal para que a pessoa expresse seus sentimentos e busque a reciprocidade.

Trabalho e Projetos: Em questões profissionais, a carta sugere que é hora de validar ideias e projetos. Pode ser um incentivo para apresentar uma proposta ou buscar a aprovação necessária para seguir em frente.

Autoconhecimento: Para o autoconhecimento, a carta incentiva a reflexão sobre as próprias emoções e desejos, confirmando que a intuição e as percepções internas devem ser valorizadas.

Interpretação Reversa

Quando a carta "Confirma" aparece invertida, o seu significado pode mudar consideravelmente. A reversão pode indicar insegurança, hesitação ou falta de clareza em relação a uma situação. Pode sugerir que a pessoa está duvidando de suas decisões ou que há uma necessidade de buscar confirmação externa em vez de confiar em si mesma. Essa posição pode também sinalizar que há confusão ou mal-entendidos que precisam ser resolvidos antes que a confirmação desejada possa ser alcançada. A pessoa pode estar em um momento de indecisão ou precisar reconsiderar suas ações antes de seguir em frente.

Essa análise da carta "Confirma" proporciona uma compreensão profunda de seu simbolismo e significados em diversas situações da vida.

24 PESSOA INTERMEDIÁRIA OU HOMEM

A carta "Pessoa Intermediária ou Homem" no baralho de Zé Pilintra geralmente representa uma figura masculina ou uma pessoa que atua como um intermediário entre situações, ajudando a mediar ou influenciar decisões e relações.

Imagem e Simbolismo

A imagem desta carta costuma trazer a figura de um homem em uma postura segura, geralmente simbolizando um homem de influência ou autoridade. Ele pode estar em uma posição que sugere confiança ou experiência, muitas vezes rodeado de objetos que representam seu poder de intermediação, como documentos, uma mesa de negociação ou um telefone, sugerindo comunicação e mediação. O simbolismo está voltado à ideia de uma pessoa que atua como ponte entre outras, sendo essencial para facilitar conversas, transações ou acordos.

Significado Geral

De modo geral, essa carta fala sobre a influência de uma terceira pessoa em uma situação específica. Ela pode indicar a presença de alguém que está prestes a intervir em algum aspecto da vida do consulente, seja para ajudar, negociar, ou até manipular o rumo dos acontecimentos. É uma carta que representa apoio externo e também a importância das alianças e parcerias. Pode simbolizar um homem importante na vida do consulente, como um parceiro de negócios, um amigo influente, ou alguém que atua nos bastidores para resolver um problema.

BARALHO DE ZÉ PILINTRA

Significado em Diferentes Contextos

Amor: Em questões de relacionamento, essa carta pode indicar um conselheiro, terapeuta ou amigo próximo que ajuda o casal a se entender melhor. Ela também pode representar uma figura que, positiva ou negativamente, influencia a relação, como um ex-parceiro, amigo ou alguém que atua como confidente.

Trabalho e Finanças: No contexto profissional, a carta aponta para um intermediário, como um mentor, consultor ou parceiro que facilita oportunidades. Ela pode ser sinal de negociações, parcerias e até um superior que ajuda o consulente a progredir na carreira. Em finanças, essa carta sugere o papel de um conselheiro financeiro ou investidor.

Saúde: Em questões de saúde, essa carta simboliza um intermediário de apoio, como um médico, terapeuta ou cuidador que ajudará na recuperação e orientará o consulente. Pode representar a necessidade de buscar um segundo ponto de vista ou assistência profissional.

Interpretação Reversa

Quando a carta aparece invertida, sugere a possibilidade de influência negativa ou manipulação. O "homem" aqui pode ser uma pessoa que age com intenções ocultas, manipulando para ganho pessoal ou interferindo de forma negativa na vida do consulente. A carta inversa alerta para a desconfiança e a necessidade de avaliar as verdadeiras intenções dessa pessoa. Pode indicar também uma falta de assertividade ou o sentimento de dependência de alguém para a resolução de problemas, além de mal-entendidos em comunicação ou negociações problemáticas.

Essa carta, portanto, envolve uma análise cuidadosa de quem é a figura intermediária e o que ela realmente traz para o contexto do consulente.

25 PESSOA INTERMEDIÁRIA OU MULHER

A carta do baralho de Zé Pilintra "Pessoa Intermediária ou Mulher" é rica em simbolismo e significado. Aqui está uma descrição detalhada dessa carta:

Imagem e Simbolismo

A carta geralmente retrata uma mulher de presença forte e carismática, que pode ser representada com elementos que simbolizam a intuição, a sensibilidade e o poder feminino. Ela pode estar cercada por flores, como rosas ou lírios, que simbolizam amor e beleza, e elementos como velas ou incensos, que evocam a espiritualidade e a conexão com o sagrado. A imagem dela pode transmitir uma sensação de proteção, acolhimento e força, sugerindo que essa figura é uma mediadora entre o mundo espiritual e o material.

Significado Geral

No geral, a carta "Pessoa Intermediária ou Mulher" representa uma figura que atua como intermediária em situações de conflito ou dúvida. Essa mulher pode ser uma conselheira, amiga ou parceira que oferece apoio emocional e espiritual. Ela simboliza também a intuição e a capacidade de entender as emoções e os sentimentos dos outros. É uma carta que fala sobre o empoderamento feminino e a força interior, destacando a importância de se conectar com a própria intuição e a sabedoria interior.

Significado em Diferentes Contextos

65

Relacionamentos: No contexto amoroso, esta carta pode indicar a presença de uma mulher que desempenha um papel importante na vida amorosa, seja como parceira ou conselheira. Ela pode representar também a necessidade de buscar o equilíbrio emocional nos relacionamentos.

Trabalho: No ambiente profissional, essa carta sugere a influência de uma colega ou superior feminina que pode ajudar na mediação de conflitos ou na resolução de problemas. Pode também indicar a importância de se ouvir a intuição ao tomar decisões profissionais.

Espiritualidade: Em questões espirituais, a carta representa a conexão com o feminino sagrado e a busca pela sabedoria espiritual. Pode sugerir que é hora de confiar na intuição e nos sentimentos mais profundos.

Interpretação Reversa

Quando a carta aparece invertida, o significado pode mudar significativamente. A interpretação reversa pode indicar:
Manipulação: A presença de uma mulher que pode estar manipulando situações ou pessoas ao seu redor, usando seu poder de forma negativa.

Desconexão: Uma sensação de desconexão da própria intuição ou dos sentimentos, sugerindo que a pessoa pode estar ignorando seus instintos ou conselhos internos.

Conflito: Conflitos em relacionamentos, especialmente envolvendo mulheres, onde a comunicação e o entendimento podem estar falhando.

Dependência: A possibilidade de uma dependência emocional de outra pessoa, destacando a necessidade de buscar a independência e a autoconfiança.

Em resumo, a carta "Pessoa Intermediária ou Mulher" é uma representação poderosa da energia feminina e da capacidade de intermediar, mas sua interpretação pode variar muito dependendo do contexto e da orientação da leitura.

26 A CONSULENTE

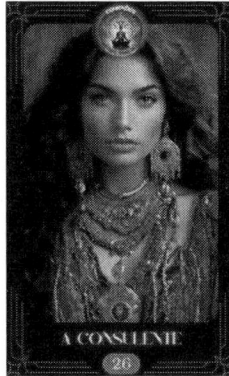

Imagem e Simbolismo

Na carta "A Consulente", geralmente encontramos a representação de uma mulher, simbolizando a figura da consulente que busca orientação e respostas. A imagem pode incluir elementos que remetem à força feminina, como flores, velas e objetos que remetem ao misticismo, como cristais ou cartas. A presença de cores vibrantes, especialmente tons de vermelho e dourado, sugere paixão, poder e riqueza de emoções. O olhar da consulente pode expressar determinação e vulnerabilidade, refletindo a busca por clareza em meio à incerteza.

Significado Geral

"A Consulente" simboliza a busca por autoconhecimento e esclarecimento. Essa carta representa a mulher que se dispõe a se abrir para o conhecimento, o que pode incluir tanto a busca de respostas para questões pessoais quanto a exploração de seu próprio ser. Ela é um chamado para que a consulente confie em sua intuição e sabedoria interna, reconhecendo que, ao buscar ajuda, ela também está ativa no processo de transformação de sua vida.

Significado em Diferentes Contextos

Amor e Relacionamentos: Neste contexto, a carta pode indicar que a consulente está em busca de clareza sobre um relacionamento. Pode sugerir a necessidade de diálogo aberto ou o desejo de compreender melhor seus sentimentos e os do parceiro.

67

Trabalho e Finanças: Aqui, "A Consulente" pode apontar para uma fase de autoavaliação em relação à carreira. A carta encoraja a consulente a buscar conselhos sobre suas ambições profissionais e a considerar oportunidades que possam surgir.

Espiritualidade e Autoconhecimento: Em um contexto espiritual, essa carta sugere uma jornada interna de descoberta e crescimento. A consulente é incentivada a explorar suas crenças e valores, buscando práticas que a ajudem a se conectar mais profundamente com sua essência.

Interpretação Reversa

Quando a carta "A Consulente" aparece na posição reversa, pode indicar confusão ou falta de clareza. A consulente pode estar se sentindo perdida ou insegura em suas decisões, incapaz de acessar sua intuição ou confiar em sua sabedoria interna. Esse estado pode ser resultado de influências externas que a fazem duvidar de si mesma. A interpretação reversa também pode sugerir que a consulente está evitando confrontar questões importantes ou que está se permitindo ser influenciada por opiniões alheias, em vez de ouvir sua própria voz.

"A Consulente" é uma carta poderosa que representa a busca por compreensão e clareza em diversos aspectos da vida. Ao se conectar com a essência da consulente, podemos encontrar o caminho para o autoconhecimento e a realização pessoal, independentemente do contexto em que a carta aparece.

27 O CONSULENTE

Imagem e Simbolismo

Na carta "O Consulente", a imagem geralmente representa uma pessoa de frente, olhando para o horizonte ou para algo importante à sua frente, simbolizando o autoconhecimento, a introspecção e a busca de respostas pessoais. Os elementos ao redor dessa figura podem incluir símbolos de espelhos ou janelas, reforçando a ideia de reflexão e o foco na própria jornada. Em alguns baralhos, a figura pode estar acompanhada de luzes ou elementos naturais como flores e plantas, que sugerem crescimento e evolução pessoal.

Significado Geral

Esta carta refere-se diretamente à pessoa que consulta o oráculo. Ela simboliza o autoconhecimento, a autoanálise e a necessidade de introspecção para tomar decisões. É uma carta de autoconsciência e responsabilidade, indicando que o consulente deve assumir o controle de sua vida e refletir sobre suas ações e desejos. Sua presença no jogo reforça o foco nas questões pessoais e sugere que o consulente deve observar seus próprios pensamentos, sentimentos e motivações.

Significado em Diferentes Contextos

No Amor: A carta indica a necessidade de o consulente se conectar mais consigo mesmo antes de buscar respostas no relacionamento. Mostra que as questões no amor podem ser resolvidas a partir de uma análise honesta de suas próprias emoções e expectativas. É um convite a avaliar o que ele realmente deseja em uma relação.

No Trabalho: Aponta para a importância do autoconhecimento nas decisões profissionais. Sugere que o consulente examine suas habilidades, pontos fortes e fraquezas, buscando alinhar sua carreira aos seus valores pessoais. Pode indicar também a necessidade de tomar a iniciativa em um projeto ou mudança.

Na Saúde: Em questões de saúde, "O Consulente" chama atenção para o cuidado com a mente e o corpo. Indica que o consulente deve prestar atenção aos sinais do próprio corpo e investir em hábitos saudáveis. Essa carta alerta para a importância de ouvir a intuição e os sinais que seu organismo envia.

Nas Finanças: Sugere que o consulente faça uma análise sincera de sua situação financeira, refletindo sobre seus gastos e planejamentos. É um convite a reavaliar prioridades e buscar estabilidade de maneira responsável.

Interpretação Reversa

Quando invertida, "O Consulente" indica que o consulente pode estar com dificuldades para enxergar a si mesmo de forma clara, talvez passando por confusões emocionais ou evitando encarar a realidade. Pode sugerir falta de autoconsciência, irresponsabilidade em relação às próprias decisões e até desmotivação. A carta reversa alerta para a necessidade de voltar a olhar para dentro e enfrentar medos, dúvidas ou ilusões que possam estar atrapalhando o desenvolvimento pessoal e emocional.

28 AMIGO FIEL OU ALIADO

A carta "Amigo Fiel ou Aliado" do baralho de Zé Pilintra é uma das cartas que traz significados profundos sobre lealdade, apoio e relacionamentos.

Imagem e Simbolismo

A carta "Amigo Fiel ou Aliado" frequentemente é representada por uma imagem que retrata uma figura amigável, com um olhar confiante e um gesto acolhedor. Simbolicamente, ela representa a presença de um amigo leal ou um aliado confiável, que está disposto a ajudar em momentos de necessidade. Elementos como corações, mãos entrelaçadas ou até mesmo animais de estimação, que costumam simbolizar lealdade e amizade, podem aparecer na ilustração, reforçando a ideia de um vínculo forte e duradouro.

Significado Geral

De maneira geral, a carta "Amigo Fiel ou Aliado" representa um laço de confiança e apoio mútuo. Ela sugere que, em tempos de dificuldades ou incertezas, ter um aliado ao seu lado pode fazer toda a diferença. Essa carta também pode indicar a importância de cultivar relacionamentos saudáveis e de confiar naqueles que realmente se importam com você. Ela é um lembrete de que você não está sozinho e que é possível contar com amigos sinceros.

Significado em Diferentes Contextos

Em Relacionamentos Amorosos: A carta pode indicar um parceiro leal e amoroso, alguém que está disposto a enfrentar desafios juntos. Ela sugere um relacionamento baseado na confiança e no respeito mútuo.

No Trabalho: No ambiente profissional, a carta pode simbolizar um colega de trabalho ou mentor que oferece apoio e orientação, ajudando a superar obstáculos e alcançar metas.

Na Vida Pessoal: Em um contexto mais amplo, ela pode representar amigos ou familiares que oferecem suporte emocional e prático em momentos difíceis, enfatizando a importância das conexões sociais.

Interpretação Reversa

Quando a carta "Amigo Fiel ou Aliado" aparece invertida, seu significado pode mudar drasticamente. Essa posição pode sugerir desconfiança, traição ou a presença de pessoas falsas em sua vida. Pode indicar que você está cercado por pessoas que não têm suas melhores intenções em mente ou que há uma necessidade de reavaliar os relacionamentos em sua vida. A carta invertida pode servir como um aviso para ter cuidado com quem você confia, e a importância de discernir entre verdadeiros amigos e aqueles que não são dignos de confiança.

Esses aspectos tornam a carta "Amigo Fiel ou Aliado" uma peça significativa no baralho de Zé Pilintra, refletindo tanto as alegrias das conexões sinceras quanto os desafios das relações enganosas.

29 VITÓRIA

A carta "Vitória" do baralho de Zé Pilintra é repleta de simbolismo e significado, refletindo a força e a determinação que a energia da carta transmite.

Imagem e Simbolismo

Na carta "Vitória", geralmente encontramos uma representação visual poderosa. A imagem pode incluir uma figura feminina, simbolizando Zé Pilintra, em uma pose triunfante, muitas vezes cercada por elementos que representam conquistas, como coroas, laços e flores. Os símbolos de força, coragem e superação são predominantes, sugerindo que a vitória é alcançada através da persistência e da luta.

Os elementos ao redor, como as estrelas e a luz, podem indicar proteção espiritual e bênçãos, refletindo a ideia de que o sucesso é acompanhado de apoio divino. As cores vibrantes, como o vermelho ou o dourado, costumam simbolizar paixão, poder e sucesso.

Significado Geral

Em sua essência, a carta "Vitória" representa o triunfo, o sucesso e a conquista de objetivos. Ela indica que, após um período de desafios e esforços, o indivíduo finalmente alcançou suas metas. É uma carta de otimismo que traz uma mensagem de que, com perseverança e determinação, tudo é possível.

Essa carta também pode simbolizar a superação de dificuldades, sendo um lembrete de que as batalhas enfrentadas foram necessárias para chegar à realização desejada. A "Vitória" sugere que os esforços e sacrifícios não foram em vão, e que a recompensa está próxima.

Significado em Diferentes Contextos

Amor: No contexto amoroso, a carta pode indicar a superação de conflitos e a chegada de um relacionamento satisfatório e harmonioso. Sugere que o amor prevalece e que os desafios que foram enfrentados fortalecem a conexão entre os parceiros.

Trabalho: Em questões profissionais, a "Vitória" representa o reconhecimento do esforço e a possibilidade de conquistas significativas, como promoções ou projetos bem-sucedidos. Indica que o esforço pessoal será recompensado.

Saúde: Quando relacionada à saúde, a carta sugere recuperação e cura. Ela pode indicar que os esforços feitos para cuidar do corpo e da mente trarão resultados positivos, simbolizando um retorno à vitalidade e ao bem-estar.

Interpretação Reversa

Quando a carta "Vitória" aparece de forma invertida, seu significado pode mudar significativamente. A interpretação reversa pode sugerir uma sensação de frustração, de que os esforços não estão sendo recompensados como esperado. Pode indicar que a pessoa está enfrentando dificuldades em alcançar seus objetivos, sentindo-se desmotivada ou desanimada.

Em contextos específicos, a reversão pode apontar para:
Amor: Desentendimentos ou desafios não resolvidos em um relacionamento, sugerindo que a harmonia está distante.

Trabalho: Sentimentos de estagnação ou falta de reconhecimento no trabalho, podendo indicar a necessidade de reavaliar estratégias ou buscar novas oportunidades.

Saúde: Dificuldades em se recuperar ou enfrentar problemas de saúde, ressaltando a importância de buscar apoio e atenção adequados.

A carta "Vitória" em sua essência é uma mensagem de esperança e superação, incentivando a acreditar na possibilidade de triunfar, mesmo diante das adversidades.

30 BOA SORTE

Imagem e Simbolismo

A carta "Boa Sorte" geralmente apresenta imagens que evocam o sucesso e a abundância. Pode haver elementos como moedas douradas, trevos de quatro folhas, uma ferradura ou uma taça de vinho cheia, representando fortuna, prosperidade e felicidade. Algumas versões podem mostrar ainda a figura de Zé Pilintra com um semblante alegre e acolhedor, transmitindo um ar de proteção e otimismo. As cores predominantes na carta são frequentemente quentes, como o dourado e o vermelho, que simbolizam energia positiva, abundância e a realização de desejos.

Significado Geral

A carta "Boa Sorte" é um sinal de boas notícias, prosperidade e caminhos abertos. Ela indica um período de sorte e de conquistas, sugerindo que o consulente está prestes a passar por uma fase de oportunidades e realizações. Representa também proteção espiritual e o auxílio das forças superiores, especialmente no campo de projetos pessoais, financeiros e sentimentais. A carta sugere otimismo e confiança, indicando que os esforços do passado tendem a render frutos.

Significado em Diferentes Contextos

Amor: No amor, a carta sugere um relacionamento harmonioso ou a chegada de alguém especial, com potencial para uma conexão feliz e promissora. Para quem já está em um relacionamento, indica crescimento e fortalecimento do vínculo. Em geral, promete felicidade e sorte nas relações.

Trabalho e Finanças: Em questões profissionais e financeiras, a "Boa Sorte" indica progresso e sucesso. A carta aponta para uma fase em que investimentos, novos projetos e oportunidades podem gerar ganhos. Ela simboliza a sorte e a proteção para fechar negócios, ganhar promoções ou alcançar metas financeiras.

Saúde: Em relação à saúde, a carta aponta para uma fase de recuperação e estabilidade. Sugere bem-estar e sorte na busca de soluções e tratamentos. Pode indicar cura e um período de vitalidade.

Espiritualidade: No campo espiritual, a "Boa Sorte" representa a proteção de Zé Pilintra e das forças espirituais que guiam o consulente. É um sinal de que as orações e intenções estão sendo ouvidas e que há apoio espiritual.

Interpretação Reversa

Na interpretação reversa ou quando cercada por cartas negativas, a "Boa Sorte" pode indicar falta de sorte, adiamentos e obstáculos. Pode representar um período em que as coisas não acontecem conforme o esperado, sugerindo precaução. Esse reverso não significa azar, mas sim um alerta para não se deixar guiar pela impulsividade.

31 ROUBO OU PERDAS, DESGASTES OU PESSOA PERIGOSA

Imagem e Simbolismo

A carta geralmente apresenta uma imagem que evoca a ideia de perda e perigo. Ela pode incluir elementos como uma figura feminina, que representa a energia de Zé Pilintra, cercada por símbolos que sugerem roubo ou desgastes. Isso pode incluir imagens de correntes quebradas, objetos valiosos que estão sendo levados ou uma sombra ameaçadora ao fundo. Os tons escuros e as expressões faciais nas figuras podem transmitir uma sensação de alerta ou tensão, reforçando a ideia de que algo precioso pode ser perdido.

Significado Geral

Em um contexto geral, esta carta alerta para a possibilidade de perdas financeiras, emocionais ou materiais. Ela pode indicar a presença de pessoas traiçoeiras ou situações em que a confiança pode ser mal colocada. A carta sugere a necessidade de cautela e vigilância, pois há um risco de ser enganado ou de sofrer desgastes em relacionamentos ou negócios.

Significado em Diferentes Contextos

Amor: Em questões amorosas, a carta pode indicar a presença de uma pessoa perigosa ou manipuladora. Pode ser um sinal para prestar atenção a sinais de deslealdade ou traição.

Trabalho: No ambiente profissional, pode sugerir que um colega pode estar tentando roubar suas ideias ou seu reconhecimento. Aconselha a manter uma postura cautelosa e a proteger seu trabalho.

Financeiro: Em termos financeiros, é um aviso sobre possíveis perdas ou investimentos ruins. A carta incentiva a revisar suas finanças e a evitar decisões impulsivas.

Interpretação Reversa

Quando a carta aparece invertida, seu significado pode mudar. Ela pode representar a superação de dificuldades, indicando que perdas ou desgastes podem ser reparados. Também pode sugerir que a pessoa está se tornando mais consciente das energias ao seu redor, aprendendo a proteger-se de influências negativas. Em alguns casos, pode indicar que a pessoa está finalmente se afastando de relacionamentos ou situações tóxicas que a estavam desgastando.

Em resumo, a carta "Roubo ou Perdas, Desgastes ou Pessoa Perigosa" é um poderoso lembrete sobre a importância de estar alerta às energias ao nosso redor e a necessidade de cuidar do que valorizamos.

32 EM CASA

A carta "Em Casa" do baralho de Zé Pilintra é rica em simbolismo e significado, refletindo temas de segurança, acolhimento e pertencimento.

Imagem e Simbolismo

Na carta "Em Casa", a imagem geralmente retrata um ambiente acolhedor e familiar, que pode incluir elementos como uma casa, flores, e uma atmosfera de tranquilidade. Muitas vezes, a imagem pode apresentar uma mulher em uma posição de conforto, sugerindo harmonia e acolhimento. Os símbolos podem incluir:
Casa: Representa segurança, estabilidade e o espaço pessoal.
Flores: Simbolizam beleza, crescimento e renovação.
Cores quentes: Transmitem a sensação de acolhimento e amor.

Significado Geral

A carta "Em Casa" simboliza um momento de introspecção e conexão consigo mesmo e com o ambiente. Ela traz uma sensação de segurança, indicando que a pessoa está em um lugar onde se sente à vontade e protegida. Essa carta é um lembrete para valorizar as relações familiares e a importância de criar um espaço que promova o bem-estar emocional.

Significado em Diferentes Contextos

Relacionamentos: Em um contexto amoroso, a carta pode indicar um relacionamento estável e seguro, sugerindo que a pessoa se sente amada e respeitada.

Trabalho: No ambiente profissional, pode simbolizar um local de trabalho harmonioso, onde a colaboração e o apoio mútuo são valorizados.

Espiritualidade: Neste aspecto, "Em Casa" sugere um estado de conexão com o eu interior, encorajando práticas que promovem a paz e a meditação.

Interpretação Reversa

Quando a carta "Em Casa" aparece invertida, seu significado pode mudar. Essa reversão pode indicar:

Desconexão: Uma sensação de não pertencimento ou insegurança em relação ao próprio espaço ou às relações.

Conflitos familiares: Problemas nas dinâmicas familiares, sugerindo a necessidade de resolver desavenças ou tensões.

Fuga: Pode simbolizar a vontade de escapar da rotina ou da situação atual, indicando uma falta de conforto ou segurança.

Em resumo, a carta "Em Casa" do baralho de Zé Pilintra é um poderoso símbolo de acolhimento e segurança, refletindo a importância de encontrar um espaço interno e externo que nutra o bem-estar emocional e espiritual.

33 PELA PORTA DA RUA

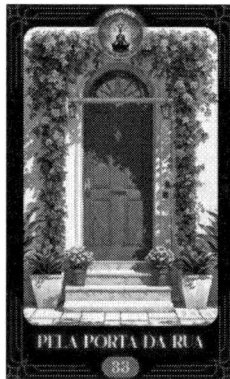

A carta "Pela Porta da Rua" do baralho de Zé Pilintra é rica em simbolismo, conectando-se aos mistérios do amor, das escolhas e das despedidas. Aqui está uma descrição detalhada dos aspectos principais dessa carta:

Imagem e Simbolismo

Na carta "Pela Porta da Rua," geralmente aparece uma figura de uma porta entreaberta ou uma pessoa indo embora, muitas vezes simbolizando o ato de deixar uma situação, relacionamento ou ambiente. A porta representa o limite entre dois mundos – o conhecido e o desconhecido – e evoca a ideia de uma transição. Este símbolo de despedida é associado com o desejo de liberdade, afastamento de situações tóxicas ou dolorosas, e a coragem de dizer "não" ou de se afastar.

Significado Geral

O significado central da carta está na necessidade de afastamento, seja de pessoas, situações ou energias que já não contribuem para o bem-estar ou crescimento. Ela indica o fim de um ciclo, a necessidade de deixar algo para trás ou a possibilidade de alguém sair de sua vida. É uma carta que traz consigo a energia de libertação, permitindo que um novo começo aconteça. Ela pode ser vista como um incentivo a dar um passo importante, a liberar-se de amarras e a buscar um ambiente mais positivo e harmonioso.

Significado em Diferentes Contextos

81

Amor: Em um relacionamento, a carta "Pela Porta da Rua" pode sugerir a necessidade de afastamento de uma relação desgastada ou negativa. Indica a possibilidade de ruptura ou de uma separação, mas também sugere uma libertação emocional para um novo início.

Trabalho: No contexto profissional, esta carta pode significar a necessidade de se afastar de um ambiente ou cargo que não é mais saudável ou produtivo. Ela sugere que é hora de buscar novas oportunidades e abrir-se a novos caminhos que tragam mais satisfação.

Saúde: Em questões de saúde, a carta indica a importância de se afastar de hábitos nocivos ou de situações que estejam afetando o bem-estar físico e emocional. Pode ser um chamado para focar na saúde mental e física, abandonando comportamentos prejudiciais.

Interpretação Reversa

Quando a carta "Pela Porta da Rua" aparece invertida, sua interpretação pode indicar a dificuldade em se libertar de algo ou alguém, mesmo que isso esteja sendo prejudicial. É um sinal de resistência à mudança, medo de tomar decisões, ou apego excessivo ao passado. Pode indicar um momento em que, apesar da vontade de seguir em frente, a pessoa sente-se presa e encontra dificuldades em se afastar do que já não lhe serve mais. Essa interpretação alerta para o perigo de permanecer em situações estagnadas ou prejudiciais e convida a um exame sincero das razões internas para essa dificuldade.

A carta "Pela Porta da Rua" do baralho de Zé Pilintra é uma representação poderosa do ato de partir, de abandonar e de seguir em frente. Ela aconselha buscar liberdade, fim de ciclos e crescimento pessoal, ao mesmo tempo em que alerta sobre a necessidade de coragem e determinação para se afastar do que já não faz sentido, trazendo paz e novas oportunidades à vida.

34 CASASMENTO FELIZ

A carta "CASAMENTO FELIZ" geralmente retrata um casal em uma cena de celebração ou harmonia, muitas vezes cercados por elementos que representam felicidade e união, como flores, corações ou anéis. Os dois personagens podem ser representados em um momento de cumplicidade, simbolizando o amor verdadeiro e a parceria. Os elementos visuais transmitem uma sensação de alegria, amor e estabilidade, reforçando a ideia de um relacionamento positivo e bem-sucedido.

Significado Geral

De forma geral, a carta "CASAMENTO FELIZ" representa o amor, a harmonia e a felicidade em relacionamentos. Ela sugere que as parcerias amorosas estão em um bom momento, com forte potencial para prosperar. Além disso, pode simbolizar a realização de desejos românticos e a construção de uma vida a dois harmoniosa e gratificante.

Significado em Diferentes Contextos

No Amor: Esta carta indica que um relacionamento está forte e feliz. Pode também sugerir a possibilidade de um noivado ou casamento.

Em Amizades: Representa laços fortes e relacionamentos saudáveis, onde a confiança e a alegria mútua predominam.

Em Questões Familiares: Sugere harmonia e felicidade no ambiente familiar, com boas relações entre os membros da família.

Em Aspectos Profissionais: Pode indicar parcerias de trabalho bem-sucedidas e um ambiente colaborativo e positivo.

Interpretação Reversa

Quando a carta "CASAMENTO FELIZ" aparece invertida, pode sinalizar problemas nas relações amorosas, como desentendimentos, falta de comunicação ou infelicidade. Em um contexto mais amplo, pode indicar desarmonia em parcerias, sejam elas amorosas, familiares ou profissionais. Essa interpretação reversa pode servir como um alerta para a necessidade de resolver conflitos ou reavaliar a dinâmica das relações.

Essa carta, portanto, oferece uma visão abrangente sobre a felicidade nas relações, destacando tanto os aspectos positivos quanto os desafios que podem surgir.

35 SEPARAÇÃO

Imagem e Simbolismo

A carta "Separação" geralmente apresenta uma representação visual de duas figuras que estão se afastando uma da outra, simbolizando o rompimento de vínculos e a necessidade de seguir caminhos diferentes. As cores predominantes podem incluir tons de azul e preto, que evocam sentimentos de tristeza e reflexão. Elementos como correntes quebradas ou corações partidos podem ser utilizados para reforçar a ideia de desunião. O uso de símbolos que representam a dor e a liberdade, como lágrimas ou portas abertas, também pode estar presente, sugerindo que a separação, embora dolorosa, pode levar a novas oportunidades.

Significado Geral

De maneira geral, a carta "Separação" representa o fim de relacionamentos, sejam eles amorosos, familiares ou de amizade. Ela sugere a necessidade de soltar laços que não trazem mais felicidade ou que se tornaram prejudiciais. Este processo pode ser doloroso, mas muitas vezes é visto como necessário para o crescimento pessoal e emocional. A carta convida à reflexão sobre o que precisa ser deixado para trás e à abertura para novos começos.

Significado em Diferentes Contextos

Amoroso: No contexto amoroso, a carta pode indicar o término de um relacionamento, seja por desentendimentos, traições ou por simplesmente perceber que as pessoas mudaram. Ela pode sugerir a importância de se libertar de uma relação que já não é saudável.

Familiar: Em relacionamentos familiares, a carta pode sinalizar a necessidade de distanciamento de dinâmicas tóxicas, sugerindo que, para o bem-estar, algumas relações precisam ser reavaliadas ou até mesmo encerradas.

Profissional: No ambiente de trabalho, a "Separação" pode simbolizar a saída de um emprego, a mudança de equipe ou a quebra de parcerias que não estão mais alinhadas com os objetivos individuais ou coletivos.

Pessoal: Em um nível pessoal, a carta pode ser um chamado para deixar para trás hábitos, crenças ou padrões que não servem mais ao crescimento e à evolução do indivíduo.

Interpretação Reversa

Quando a carta "Separação" aparece invertida, o significado pode variar. Em geral, a interpretação reversa pode indicar:

Dificuldade em se separar: A resistência à separação pode ser um tema central, sugerindo que a pessoa está segurando laços que deveriam ser soltos, resultando em sofrimento contínuo.

Reunião ou reconciliação: Em alguns casos, a carta invertida pode também simbolizar uma oportunidade de reconciliação, sugerindo que é possível resolver desavenças e restaurar relações.

Confusão emocional: Ela pode representar uma fase de confusão em que a pessoa não sabe se deve seguir em frente ou permanecer em uma situação que não a faz feliz
.

Necessidade de reflexão: Por fim, a carta pode alertar sobre a importância de uma reflexão mais profunda antes de tomar decisões, sugerindo que a separação não deve ser feita de maneira impulsiva.

Essa análise da carta "Separação" revela as complexidades e nuances de seus significados, tanto na posição normal quanto invertida, fornecendo um guia útil para a interpretação em leituras.

36 CAMINHOS ABERTOS

A carta Caminhos Abertos do baralho de Zé Pilintra é uma das mais positivas no contexto do baralho cigano e representa as oportunidades, os caminhos liberados e a fluidez nas áreas da vida.

Imagem e Simbolismo

A imagem da carta "Caminhos Abertos" geralmente apresenta uma estrada ou um caminho que se estende até o horizonte, muitas vezes iluminado, indicando uma jornada livre de obstáculos. A estrada pode ter árvores, flores ou outros elementos que simbolizam crescimento, oportunidades e prosperidade. A imagem evoca a ideia de que algo está à espera de quem escolhe o caminho e se propõe a avançar. Este caminho iluminado simboliza clareza, propósito e proteção espiritual, comuns à energia de Zé Pilintra, que rege os caminhos.

Significado Geral

No sentido geral, "Caminhos Abertos" simboliza boas oportunidades e indica que o momento é propício para seguir em frente. Representa uma fase de desbloqueio em áreas que antes poderiam estar estagnadas, sejam elas relacionadas ao trabalho, aos relacionamentos, ao crescimento pessoal ou ao desenvolvimento espiritual. Essa carta também sugere que os desafios foram superados e que as portas estão abertas para o sucesso, incentivando a pessoa a ter confiança para trilhar novos rumos.

Significado em Diferentes Contextos

Amor: Em questões de relacionamento, "Caminhos Abertos" indica harmonia e novas oportunidades de conexão. Para solteiros, pode significar a chegada de um novo relacionamento, enquanto para os comprometidos, aponta para uma fase de fortalecimento e expansão.

Trabalho e Finanças: No campo profissional, esta carta indica um período de oportunidades e crescimento. Ela incentiva a buscar novas possibilidades, assumir riscos calculados e considerar ofertas ou mudanças de posição que possam surgir. Em finanças, representa a abertura para investimentos ou ganhos inesperados.

Saúde: Em questões de saúde, "Caminhos Abertos" sugere recuperação e vitalidade. É um bom momento para iniciar novos hábitos ou tratamentos, e a carta indica que o corpo responderá bem a cuidados e práticas de bem-estar.

Espiritualidade: No contexto espiritual, essa carta representa uma abertura para novas experiências e aprendizados. Pode indicar uma conexão mais profunda com a espiritualidade e proteção, facilitando o crescimento e a descoberta do próprio propósito.

Interpretação Reversa

Quando "Caminhos Abertos" aparece de forma invertida (ou negativa), ela sugere que o caminho ainda não está claro ou livre de obstáculos. Pode indicar bloqueios, inseguranças ou até falta de ação para avançar. É um aviso de que há algo que precisa ser resolvido ou superado antes que o progresso seja realmente possível. No aspecto emocional, pode apontar indecisão ou medo do novo. Em contextos materiais, como trabalho e finanças, sugere que decisões impulsivas ou falta de planejamento podem ser prejudiciais.

Essa carta é essencialmente positiva e traz consigo um encorajamento para que se explore o novo com coragem e sabedoria, mas, em sua forma reversa, lembra da importância de analisar o momento e fazer ajustes necessários antes de prosseguir.

6 MESAS E TIPOS DE JOGOS

Os métodos de interpretação do Baralho de Zé Pilintra, são variados e adaptáveis a diferentes tipos de perguntas e situações. Eles vão desde tiragens simples até leituras complexas, cada uma com seu propósito. A seguir, apresento os principais métodos de interpretação:

1. TIRAGEM DE UMA CARTA (CARTA ÚNICA)

Este é o método mais simples e direto. O consulente faz uma pergunta específica, e uma única carta é tirada do baralho. A carta sorteada dará uma resposta rápida, oferecendo uma visão geral da situação ou uma mensagem direta para o consulente.

- **Uso:** Perguntas objetivas, mensagens do dia ou insights imediatos.

- **Interpretação:** Foca-se no significado isolado da carta, levando em conta o simbolismo direto.

MESA MALANDRA
TIRAGEM DE UMA CARTA

2. TIRAGEM DE TRÊS CARTAS

A tiragem de três cartas é uma das mais simples e diretas. Ela pode representar:

- Passado, Presente e Futuro: Esta disposição fornece uma visão geral da situação, ajudando a entender as influências passadas, o estado atual e as potenciais consequências futuras.

- Situação, Ação e Resultado: Foca em uma situação específica, sugerindo ações a serem tomadas e o resultado esperado.

MESA MALANDRA
TIRAGEM TRÊS CARTAS

1	2	3
PASSADO	PRESENTE	FUTURO

3. TIRAGEM DE CINCO CARTAS

Neste método, cinco cartas são dispostas em uma linha e oferecem uma leitura mais detalhada de uma situação.

- Interpretação comum:

  - Primeira carta: Contexto ou passado.

  - Segunda carta: Aspecto atual ou influências externas.

  - Terceira carta: O núcleo da questão, a essência do problema.

  - Quarta carta: Obstáculos ou ajudas no caminho.

  - Quinta carta: O resultado ou possível desfecho.

- **Uso:** Questões mais complexas ou que exigem uma análise mais profunda.

- **Interpretação:** A sequência linear das cartas oferece uma narrativa, onde cada carta se relaciona com a outra para compor uma história maior.

MESA MALANDRA
TIRAGEM CINCO CARTAS

1

SOBRE SUA
PERGUNTA

2

O QUE PODE
TE AJUDAR

3

O QUE PODE
DIFICULTAR

4

POSSÍVEL
RESULTADO 1

5

POSSÍVEL
RESULTADO 2

4. CRUZ MÍSTICA

O Baralho da Zé Pilintra é um oráculo que oferece uma rica fonte de informações, revelações, previsões e respostas, tanto para nós mesmos quanto para um(a) consulente.

Essas informações podem ser acessadas através de diversos métodos de tiragem, sendo um dos mais populares a Cruz Mística.

Esse método consiste em formar uma cruz com nove cartas retiradas do baralho, permitindo que se revele o que está por vir na vida do(a) consulente (cartas verticais) ou o que pode ter motivado a consulta, além de esclarecer a vida sentimental, pessoal e familiar (cartas à esquerda da cruz), e a vida material, profissional e social (cartas à direita da cruz).

A interpretação das cartas pode variar, e o(a) cartomante tem a liberdade de adaptar a leitura. Por exemplo, as cartas verticais podem ser vistas como representativas do momento presente, enquanto as horizontais podem indicar tendências futuras. Além disso, é possível realizar leituras mais complexas, dependendo do que se busca extrair do jogo.

CRUZ MÍSTICA COM O BARALHO DE ZÉ PILINTRA

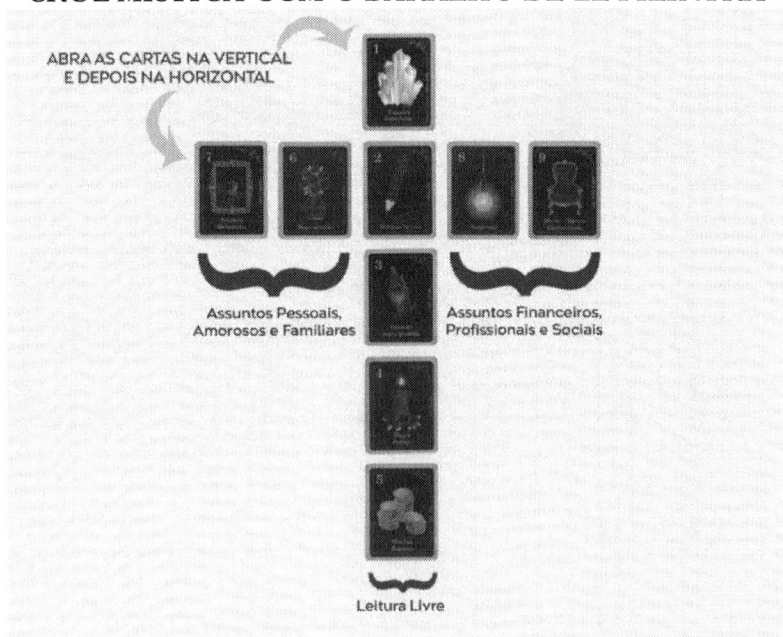

ABRA AS CARTAS NA VERTICAL E DEPOIS NA HORIZONTAL

Assuntos Pessoais, Amorosos e Familiares

Assuntos Financeiros, Profissionais e Sociais

Leitura Livre

A Cruz Mística é um dos padrões mais poderosos e simbólicos que podem ser utilizados com o Baralho da Zé Pilintra. Este jogo de cartas, rico em significados e tradições, é frequentemente utilizado para guiar o consulente em suas buscas por respostas e entendimento sobre suas vidas e desafios. Mas quando, de fato, devemos recorrer à Cruz Mística? Neste capítulo, vamos explorar as circunstâncias e intenções que tornam esse lançamento tão especial.

Preparando-se para o Lançamento

Antes de realizar a Cruz Mística, é essencial preparar-se adequadamente. Crie um ambiente tranquilo e sagrado, onde você possa se concentrar. Acenda uma vela, queime incenso e, se possível, faça uma breve meditação para acalmar a mente e abrir o coração. Lembre-se de que a intenção é fundamental; defina claramente o que você deseja perguntar ou compreender através do lançamento.

Interpretando as Cartas

Após realizar o lançamento da Cruz Mística, é hora de interpretar as cartas. Cada posição na cruz tem um significado específico, revelando diferentes aspectos da situação em questão. Reserve um tempo para refletir sobre cada carta, sua posição e como elas se relacionam entre si. Muitas vezes, a verdadeira mensagem está nas conexões que surgem entre as cartas, exigindo uma leitura atenta e intuitiva.

Encerrando o Lançamento

Depois de interpretar as cartas e refletir sobre suas mensagens, é importante encerrar o processo de maneira ritualística. Agradeça às forças espirituais e ao Baralho da Zé Pilintra por suas orientações e proteções. Desfaça o ambiente sagrado, mas mantenha as mensagens recebidas em sua mente e coração, permitindo que elas influenciem positivamente suas decisões e ações futuras.

Como Jogar a Cruz Mística com o Baralho da Zé Pilintra

Consulta Presencial

Durante uma consulta presencial, solicite que o(a) consulente embaralhe as cartas, focando em sua questão, e as divida em três montes. Conforme indicado no livreto que acompanha o Baralho da Zé Pilintra, evite perguntar ao consulente o motivo da consulta, pois a própria Cruz Mística revelará isso de forma clara.

Depois, peça que ele(a) reúna as cartas novamente e monte a Cruz Mística com nove montes: cinco na vertical e quatro na horizontal, sendo dois de cada lado das cartas verticais. O(a) consulente pode seguir a ordem das cartas do baralho ou escolher aleatoriamente do maço.

Independentemente do método de montagem, o importante é que a Cruz Mística seja voltada para o(a) consulente. A leitura deve ser feita em todas as direções: vertical, horizontal e diagonal. As cartas verticais têm uma interpretação livre, dependendo de suas posições e significados.

As cartas à esquerda do(a) consulente tratam de questões pessoais, amorosas e familiares, enquanto as do lado direito abordam aspectos financeiros, profissionais e sociais. É importante notar que o significado das cartas pode variar dependendo de sua posição — na horizontal, diagonal ou vertical, e especialmente quando cruzadas com outras cartas no final da leitura.

O mesmo se aplica às cartas que representam pessoas. Uma carta pode indicar uma pessoa na horizontal, mas na vertical ou na diagonal pode se referir a outras, e é essencial observar as cartas adjacentes sem se apegar rigidamente a seus significados.

Consulta à Distância

O processo de realizar a Cruz Mística com o Baralho da Zé Pilintra à distância é semelhante, com a única diferença sendo que o(a) cartomante embaralha as cartas, mentaliza a pergunta do(a) consulente e faz a leitura.

Quando Jogar a Cruz Mística com o Baralho da Zé Pilintra?

A Cruz Mística pode ser utilizada para prever o futuro, analisar o presente e responder a qualquer pergunta. Ela também pode ser aplicada antes de uma leitura completa com o oráculo, para identificar os motivos que levaram o(a) consulente a buscar orientação.

Em Momentos de Dúvida e Incerteza

Um dos momentos mais apropriados para utilizar a Cruz Mística é quando nos encontramos diante de dúvidas ou incertezas em nossas vidas. Se você está enfrentando uma decisão importante, seja na esfera pessoal ou profissional, este lançamento pode ajudar a iluminar o caminho e oferecer clareza sobre as opções disponíveis.

Em Busca de Proteção Espiritual

A Cruz Mística também é recomendada quando você sente a necessidade de proteção espiritual. Se há preocupações com energias negativas, influências externas ou mesmo conflitos em relacionamentos, jogar esta cruz pode servir como um escudo, permitindo que as cartas revelem quais medidas podem ser tomadas para fortalecer sua proteção e sua paz de espírito.

Para Compreender Desafios Pessoais

Se você está lidando com desafios emocionais, como tristeza, raiva ou ansiedade, a Cruz Mística pode ajudar a compreender a raiz desses sentimentos. Ao jogar, você pode obter insights sobre as causas subjacentes de suas lutas e receber orientações sobre como superá-las.

Em Rituais de Cura e Renovação

Quando você se sente esgotado ou em busca de renovação, a Cruz Mística pode ser um ótimo recurso. Esse lançamento pode revelar quais aspectos de sua vida precisam de cura e quais caminhos devem ser seguidos para restaurar seu bem-estar físico, emocional e espiritual.

Em Momentos de Transição

A vida é repleta de transições, sejam elas relacionadas a trabalho, relacionamentos, mudanças de casa ou até mesmo transformações internas. A Cruz Mística é ideal para esses momentos, ajudando a guiar a pessoa através das incertezas e a encontrar um novo equilíbrio.

A Cruz Mística é um recurso poderoso que, quando utilizado com respeito e intenção, pode iluminar o caminho em tempos de incerteza. Lembre-se de que as cartas são apenas um guia; a verdadeira sabedoria vem de dentro de você. Ao entender quando e como jogar a Cruz Mística, você estará um passo mais perto de acessar as profundas verdades que a vida tem a oferecer, sempre sob a orientação de Zé Pilintra.

5. MESA MALANDRA – TIRAGEM EXCLUSIVA DO ZÉ

Objetivo

Obter uma leitura clara, direta e prática sobre situações do cotidiano (amor, trabalho, caminhos abertos ou fechados), com os conselhos do **Seu Zé** para agir com malandragem do bem, equilíbrio e sabedoria espiritual.

Estrutura da Tiragem:

- 5 cartas em formato de losango (tipo diamante), com uma carta central dominante.
- Cada carta representa um aspecto da vida ou atitude prática, conforme os ensinamentos de Zé Pelintra.

MESA MALANDRA
TIRAGEM EXCLUSIVA DO ZÉ

2
A Coroa do
Malandro

4
A Esquina
do Passado

1
O Ponto da
Encruzilhada

5
O Caminho
do Malandro

3
Os Sapatos
do Zé

BARALHO DE ZÉ PILINTRA

Significados das Posições:

1. Carta Central – "O Ponto da Encruzilhada"

Mostra o tema principal da consulta: o problema ou situação que está no centro da vida do consulente.
Aqui Zé revela onde o jogo virou (ou precisa virar).

2. Carta de Cima – "A Coroa do Malandro"

Representa o que está nos pensamentos ou intenções do consulente (ou de outra pessoa envolvida).
Indica se há coerência ou ilusão.

3. Carta de Baixo – "Os Sapatos do Zé"

Mostra a base da questão, o que precisa ser firmado ou abandonado para seguir adiante com segurança.
Indica o fundamento espiritual ou emocional.

4. Carta da Esquerda – "A Esquina do Passado"

O que ficou para trás, mas ainda influencia a situação. Pode ser um bloqueio emocional, um padrão repetido ou uma promessa não cumprida.

5. Carta da Direita – "O Caminho do Malandro"

Mostra o caminho aberto ou fechado à frente.
Representa a escolha ou atitude mais alinhada com o axé de Zé Pelintra.

Interpretação Final:

Depois de virar todas as cartas, analise o conjunto como se fosse um conselho de roda de bar com Seu Zé: ele não enrola, fala o que precisa ser dito, mas sempre com um olhar protetor e justo.

Dica Extra:

Você pode colocar um copo de água, café ou cachaça ao lado do baralho como oferenda simbólica, pedindo clareza nas palavras de Seu Zé antes da tiragem. Acender um cigarro ou vela branca também pode ajudar na conexão.

7 SOBRE A AUTORA

Jaqueline Costa Santos é autora e praticante dedicada à espiritualidade universalista, com profundo respeito pelas tradições ancestrais e esotéricas. Seu trabalho une sabedoria ancestral e práticas modernas de autoconhecimento, com foco no Baralho de Zé Pilintra como uma ferramenta de transformação pessoal. À frente do projeto "Conexões Todos Somos Um", Jaqueline inspira pessoas a encontrarem clareza e harmonia em suas jornadas espirituais, oferecendo leituras que promovem a conexão com o eu interior e com o universo. Seu livro, " Baralho de Zé Pilintra ", reflete essa visão inclusiva e integrativa, trazendo o Baralho de Zé Pilintra como um caminho prático para o despertar espiritual e a evolução pessoal, ela inspira milhares de pessoas em suas jornadas de autoconhecimento, utilizando o poder transformador da ancestralidade e do Baralho de Zé Pilintra.

Em "Baralho de Zé Pilintra - Guia prático para interpretação", Jaqueline convida os leitores a explorar as energias e significados das cartas, sempre com o objetivo de iluminar o caminho daqueles que buscam o despertar espiritual. Ela acredita que o Baralho de Zé Pilintra é uma ferramenta poderosa de reconexão com nossa essência divina e com o universo. Através de suas obras, Jaqueline oferece práticas acessíveis que permitem a cada indivíduo vivenciar essa reconexão de forma única.

Acesse: https://www.amazon.com.br/stores/Jaqueline-Costa-Santos/author/B0DH9Q5ZJJ

8 UM CONVITE

Ótimo, foram muitas Mensagens!

Mas antes de terminar este livro, tenho três mensagens rápidas para você.

A primeira é PARABÉNS.

Quero parabenizá-los por ousar sair do pensamento convencional. Para conseguir isso, é preciso coragem para buscar mais informações e fazer algo diferente do que é sugerido ao seu redor.

Ao se libertar dos paradigmas da "Religião" – você descobrirá que é possível alcançar resultados incríveis na sua caminhada do despertar espitirual.

Também parabenizo você pela sua determinação em se tornar uma versão melhor de si mesmo – porque também é preciso muita coragem para correr contra o rebanho.

Eu sei que existem várias maneiras de percorrer essa jornada e dentre todas elas você escolheu meu guia para te ajudar nessa jornada.

A segunda mensagem é OBRIGADA.

Estou muito feliz por ter sido escolhida para acompanhá-los na aventura mais importante da sua vida: sua jornada do despertar espitirual e do Autoconhecimento.

E por fim te fazer um CONVITE para mudar.

Agora você tem mensagens suficientes para preencher sua mente de pensamentos saudáveis, com muito amor e transformar sua vida em uma existência mais leve e harmônica.

Um abraço caloroso da sua amiga Jaqueline! Gratidão!

Lembre-se: Onde a luz se expande, a escuridão não permanece!

9 SOBRE O CONEXÕES TODOS SOMOS

Olá, Companheiros da Luz!

Sejam bem-vindos ao Conexões Todos Somos Um. Eu sou a Jaqueline, sou universalista integrative e meu propósito é compartilhar conhecimento espiritual universalista, celebrando a diversidade e a unidade entre todas as tradições.

No Conexões Todos Somos Um, exploramos o que une as diferentes crenças, promovendo o despertar espiritual, a expansão da consciência, e o bem-estar de todos. Acreditamos que cada caminho espiritual oferece uma peça valiosa para o grande quebra-cabeça da existência.

Aqui, você encontrará meditações, ensinamentos, e reflexões que iluminam o seu caminho, independentemente da sua crença. Este é um espaço de aprendizado e crescimento, onde todos são bem-vindos.

Conexões Todos Somos Um é uma marca registrada, e todo o conteúdo é protegido por Copyright © 2024.

Gratidão por estar aqui!

Junte-se à nossa comunidade seguindo @conexoestsu, @TarotConexoes, @universalismointegrativo, @conexoesforkids e participe dessa jornada de unidade e luz.

Onde a luz se expande, a escuridão não permanece!

Links úteis: linktr.ee/conexoestsu

Site Conexoes tsu: www.conexoestodossomosum.com.br

Loja Conexoes tsu: www.conexoestsu.com.br

Redes Sociais: @conexoestsu

Leituras de Tarot: @TarotConexoes

Sobre o Univrsalismo: @universalismointegrativo

Espiritualidade para Crianças: @conexoesforkids

CONHEÇA OS OUTROS LANÇAMENTOS

Série "**Mensagens Espirituais dos Orixás**"

Acesse: https://www.amazon.com.br/gp/product/B0DGX2Q493

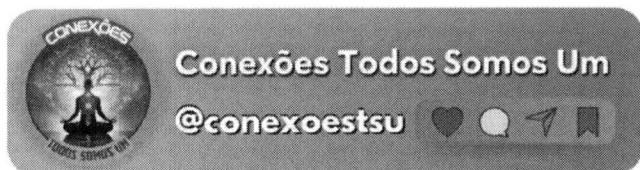

Conexões Todos Somos Um
@conexoestsu

Curta! Comenta! Compartilha! Siga! Ative o sininho!

INSCREVA-SE

❋ **Onde a luz se expande, a escuridão não permanece!** ❋

❀ ♡ *gratidão* ♡ ❀

Made in the USA
Columbia, SC
09 July 2025

60571145R00059